|XS|

Durch den Fall der Mauer und den Untergang des Ostblocks geriet die außerparlamentarische Linke in eine der größten Krisen ihrer Geschichte. Das betraf auch Strömungen und Fraktionen, die dem »real existierenden Sozialismus« stets kritisch bis feindselig gegenübergestanden hatten. Bis weit ins sozialdemokratische Lager hinein waren Orientierungsschwierigkeiten zu beobachten.

Von dieser Krise hat sich die Linke auch heute, mehr als ein Vierteljahrhundert später, noch nicht erholt. Dafür spricht nicht nur ihr anhaltender organisatorischer Niedergang, sondern auch die programmatische Konfusion, von der viele ihrer Debatten geprägt sind. Wer etwas über die Ursachen dieser Krise erfahren will, muss sich sowohl mit dem Kalten Krieg als auch mit dem Nachleben der Begriffe Revolution, Antifaschismus und Antiimperialismus auseinandersetzen.

Jan Gerber ist Historiker und Politikwissenschaftler. Zuletzt erschien sein Buch *Karl Marx in Paris. Die Entdeckung des Kommunismus* (Piper 2018). 2021 gab er den Schwerpunkt *Die Untiefen des Postkolonialismus* im ersten Band der *Hallischen Jahrbücher* (Edition Tiamat) heraus; 2022 mit Philipp Graf und Anna Pollmann den Band *Geschichtsoptimismus und Katastrophenbewusstsein. Europa nach dem Holocaust* (Vandenhoeck & Ruprecht). Er lebt in Halle.

Jan Gerber

Das letzte Gefecht

Die Linke im Kalten Krieg

Erweiterte Neuausgabe

XS-Verlag

Erweiterte Neuausgabe 2022
2. Auflage 2025

Satz: Silberstein Produktion
Umschlagentwurf: Jenny Dam
Druck: CPI
Printed in Germany

ISBN 978-3-944503-18-9

Für Joachim Bruhn
(1955-2019)

Inhalt

Anhang

Prolog

Jenseits von Raum und Zeit: Die Linke nach dem Kalten Krieg

Die Brandsätze detonierten im Westflügel des Reichstags. Als Wachleute den Saal betraten, in dem die Höllenmaschinen deponiert worden waren, schlugen ihnen bereits Flammen entgegen. Das Feuer hatte auf zwei Schautafeln einer Ausstellung zur deutschen Geschichte übergegriffen, die sich seit zwanzig Jahren in diesem Teil des Gebäudes befand. Der Reichstag drohte in Flammen aufzugehen. Es war der 11. Juni 1991, die Brandstifter waren Mitglieder der Revolutionären Zellen (RZ), des undogmatischen Konkurrenzunternehmens der RAF.

Mit dem Anschlag wollte die Gruppe, wie im Bekennerschreiben erklärt wurde, wenige Tage vor der Entscheidung des Bundestags über den Regierungssitz des gerade wiedervereinigten Deutschlands – Bonn oder Berlin – »Entscheidungshilfe« leisten und verhindern, dass die einstige Viermächtestadt eine »Bonzenmetropole« wird.[1] Anders als von den RZ erhofft, griff das Feuer jedoch nicht auf das Gebäude über. Da der Brand schnell entdeckt wurde, konnten rechtzeitig Löschmaßnahmen ergriffen werden.

Schon vier Monate zuvor, im Februar 1991, hatten Mitglieder der Revolutionären Zellen versucht, die acht Meter hohe Bronzefigur von der Aussichtsplattform der Berliner Siegessäule zu sprengen. Mit dieser Aktion wollte die Gruppe nach eigenen Angaben

---

1 RZ: Anschlag im Berliner Reichstag, Berlin [1991], in: Die Früchte des Zorns. Texte und Materialien zur Geschichte der Revolutionären Zellen und der Roten Zora. Bd. 2, 2. Aufl., Berlin 1993, 655 f.

gegen den Zweiten Golfkrieg, gegen Nationalismus und gegen »Männergewalt« protestieren.[2] Aber auch dieser Anschlag misslang. Nur eine der beiden Bomben, die von den Attentätern am Sockel der vergoldeten Siegesgöttin, der »Goldelse«, wie die Berliner spöttisch sagen, befestigt worden war, zündete. Die Explosion verursachte lediglich kleine Risse im Rockbereich der Figur.

Sowohl die Brandsätze im Reichstag als auch die Bomben an der Siegessäule waren Teil des Versuchs, auf die erdrutschartigen Ereignisse seit 1989 zu reagieren. Die spätestens mit der Berlin-Blockade 1948/49 etablierte Weltordnung des Kalten Kriegs, die vierzig Jahre Gültigkeit besessen hatte, war innerhalb weniger Monate zusammengebrochen. Begonnen hatte es in Polen: Die regierenden Kommunisten sahen sich im April 1989 dazu gezwungen, die 1982 verbotene Gewerkschaft Solidarność wieder zuzulassen. Aus den Parlamentswahlen im Juni ging sie bereits als stärkste Kraft hervor; der Solidarność-Kandidat Tadeusz Mazowiecki wurde Premierminister. Etwa zur selben Zeit beschloss die Regierung des Bruderlandes Ungarn, die Befestigungen an der Grenze nach Österreich abzubauen. Aus der Deutschen Demokratischen Republik (DDR) flohen Zehntausende via Balaton-Urlaub in den Westen.

Nach der Öffnung der deutsch-deutschen Grenze im November 1989 ging es schließlich Schlag auf Schlag: Die Parole »Wir sind das Volk«, mit der die Leipziger Montagsdemonstranten zunächst auf die Straße gegangen waren, wurde innerhalb kürzester Zeit durch die Losung »Deutschland einig Vaterland« ersetzt, ein Zitat aus der Nationalhymne der DDR, die aufgrund dieser Verszeile seit Anfang der Siebziger nur noch ohne Text gespielt worden war.

---

2 RZ: Aktion gegen die Siegessäule, Berlin [1991], in: Die Früchte des Zorns, 656 f.

Schon Ende November 1989 präsentierte Bundeskanzler Helmut Kohl sein Zehn-Punkte-Programm zur Neuregelung der deutschen und der europäischen Einheit. Doch auch die darin enthaltene Idee einer Konföderation zwischen der Bundesrepublik Deutschland und der DDR erwies sich bald als überholt. Am 1. Juli 1990 trat die Währungs-, Wirtschafts- und Sozialunion zwischen der Deutschen Demokratischen Republik und der Bundesrepublik in Kraft; am 31. August wurde der Einigungsvertrag geschlossen. Mit der Unterzeichnung des Zwei-plus-Vier-Vertrags im September 1990 in Moskau verzichteten die Hauptalliierten des Zweiten Weltkriegs schließlich auf ihr Vorbehaltsrecht gegenüber den beiden Nachfolgestaaten des »Dritten Reichs«. Die Nachkriegsordnung, die ihr zentrales Symbol in der Teilung Deutschlands gefunden hatte, war an ihr Ende gekommen.

Mit Ausnahme Kubas, Nordkoreas, Vietnams und Chinas existierte zudem bald darauf kein Staat mehr, der sich auf das realsozialistische Modell berief. Selbst in Nicaragua, wo das Regime aufgrund der Beseitigung der Somoza-Diktatur und des blutigen Vorgehens der aus Washington finanzierten Contras über einen breiten Rückhalt in der Bevölkerung verfügt hatte, wurden die Sandinisten um Daniel Ortega im Februar 1990 zugunsten der bürgerlichen Kräfte um Violeta Chamorro abgewählt.

Zwar spielte die Berliner Gruppe der Revolutionären Zellen in ihren beiden Bekennerschreiben von 1991 auf all diese Ereignisse an. Allein durch die Auswahl ihrer Ziele, der Siegessäule und des Reichstagsgebäudes, brachte sie jedoch ihre Unfähigkeit zum Ausdruck, die neue welt- und deutschlandpolitische Situation zu fassen. Gerade mit den Anschlägen, mit denen die Gruppe auf die Ereignisse seit dem Frühjahr 1989 zu reagieren versuchte, signalisierte sie – wie eine andere Revolutionäre Zelle, die sich kurz darauf konsequenterweise auflöste, durchaus richtig erklärte –, dass sie sich inzwischen »völlig außerhalb von Zeit und Raum«

bewegte.[3] Die Siegessäule war 1873 eingeweiht worden, um an die deutschen Einigungskriege gegen Dänemark, Österreich und Frankreich zu erinnern; das deutsche Kaiserreich, dessen Militarismus von ihr symbolisiert wird, war bereits 1918, am Ende des Ersten Weltkriegs, untergegangen. Der letzte Brandanschlag auf den Reichstag war hingegen im Februar 1933, am Beginn einer neuen Epoche, verübt worden. Auch wenn sich die Historiker immer noch darüber streiten, ob das Gebäude tatsächlich von den Nazis in Flammen gesetzt wurde, wie der spätere Komintern-Vorsitzende Georgi Dimitroff in seiner berühmten Verteidigungsrede vor dem Leipziger Reichsgericht im Dezember 1933 behauptete, symbolisiert der brennende Reichstag doch eher die vollkommene Niederlage der Linken als ein Aufbegehren gegen den deutschen Nationalismus oder Militarismus – geschweige denn gegen eine »Bonzenmetropole«. Bereits am 28. Februar 1933, dem Tag nach der Brandstiftung, erließ der greise Reichspräsident Paul von Hindenburg mit der »Verordnung zum Schutz von Volk und Staat« die heimliche »Verfassungsurkunde« (Ernst Fraenkel) des nationalsozialistischen Deutschlands. Die Weimarer Reichsverfassung wurde damit endgültig außer Kraft gesetzt, hunderttausende Nazigegner wurden verhaftet.

Auch wenn die Revolutionären Zellen seit ihrer Gründung 1973 stets ein anerkannter Teil der außerparlamentarischen Bewegung waren, hatten sie seit den frühen Achtzigern regelmäßig Distanz zum linken Mainstream gesucht.[4] Schon 1983 hatten sie vehemente Kritik am Antiamerikanismus und am Nationalismus

---

3 RZ: »This is not a love song!« [1991], in: Die Früchte des Zorns. Bd. 2, 659.

4 Zu den zahlreichen Ausnahmen, die es gab, und zur Avantgarderolle, die zeitweise aus dieser Distanz entstand, vgl. Jan Gerber: Sie waren die Guten. Waren die Revolutionären Zellen die bessere RAF?, in: Bahamas 54/2008.

der außerparlamentarischen Linken und der Friedensbewegung geübt.[5] Mit ihrem Anschlag auf die Siegessäule, den Brandsätzen im Reichstagsgebäude und der kurz darauf erfolgten Auflösung einer ihrer Zellen wurde die Gruppe jedoch für kurze Zeit repräsentativ für die Linke: Ebenso wie die restliche Protestbewegung reagierten die RZ auf den Fall der Mauer, die deutsche Wiedervereinigung und den Untergang des Ostblocks mit einer Mischung aus vollkommener Konfusion und weitgehendem Rückzug.

Der bereits seit Ende der Siebziger zu beobachtende Niedergang der Linken wurde mit der Öffnung der deutsch-deutschen Grenze in außergewöhnlicher Weise beschleunigt. Innerhalb weniger Monate war auch im außerparlamentarischen Lager der Bundesrepublik und Westberlins kaum noch etwas wie zuvor. Die vom Verfassungsschutz beobachteten »linksextremistischen« Organisationen sollen bereits 1989 mehr als doppelt so viele Mitglieder wie in den Jahren zwischen dem großen Einbruch des »Deutschen Herbstes« 1977 und 1988 insgesamt verloren haben; die Gesamtauflage ihrer Publikationen sank von etwa 38 Millionen 1988 auf rund vier Millionen 1993.[6] Allein die Deutsche Kommunistische Partei (DKP), die einflussreichste und mitgliederstärkste Organisation links von SPD und Grünen, verlor 1989 rund 13.000 ihrer 35.000 Kader. 1990 gaben weitere 11.000 Mitglieder ihre Parteibücher zurück.

---

5 RZ: Beethoven gegen MacDonald [1983], in: Die Früchte des Zorns. Bd. 2; dies.: Krieg – Krise – Friedensbewegung [1983], in: ebd.

6 Diese und die folgenden Zahlen sind den Verfassungsschutzberichten des Bundes (Bonn 1977–1994) entnommen und dementsprechend mit Vorsicht zu genießen. Sie können dennoch einen ersten empirischen Eindruck vom Ausmaß der damaligen Krise verschaffen. Der enorme Einbruch bei den Publikationen war nicht zuletzt der Tatsache geschuldet, dass die Tageszeitung *Unsere Zeit* (UZ), das Zentralorgan der DKP, eingestellt wurde und bald nur noch im Wochen- bzw. Zweiwochenrhythmus erschien.

Andere Zusammenschlüsse lösten sich ganz auf: Die Sozialistische Einheitspartei Westberlins (SEW), Bruderorganisation der DKP und der DDR-Staatspartei SED, benannte sich im April 1990 zunächst in Sozialistische Initiative um; im Mai 1991 beschloss sie ihre Auflösung. Der marxistisch-leninistische Kommunistische Bund (KB), dem es bis dahin immer wieder gelungen war, neue Themen in seine Politik aufzunehmen und sie mit älteren Theoriebausteinen zu verbinden, gab im April 1991 sein organisatorisches Scheitern bekannt.

Auch undogmatische Zusammenschlüsse blieben nicht von der »Krise der Linken« verschont, über die seinerzeit intensiv diskutiert wurde. Thomas Ebermann, lange Zeit Repräsentant des linken Flügels der Grünen und 1987/88 Sprecher ihrer Bundestagsfraktion, stellte Anfang der Neunziger resigniert fest, dass sich die systemkritische Linke erstmals »außerhalb des Disputs« befinde.[7] Bis weit ins sozialdemokratische Lager hinein waren Orientierungsschwierigkeiten zu beobachten. Die damals noch strikt konservative *Frankfurter Allgemeine Zeitung* (FAZ), der ein konstitutiver Gegner abhanden zu kommen drohte, stellte ihre Seiten über Wochen hinweg für eine Diskussion zur Verfügung, bei der Linke, Liberale und Konservative über die doppeldeutige Frage »What's left?« stritten; der SPD-Rechtsaußen Peter Glotz lamentierte in seiner gleichnamigen Schrift von 1992 über die Probleme der »Linke[n] nach dem Sieg des Westens«.[8] Diverse linke Verlage veröffentlichten Bücher, die schon mit ihrem Titel die linke Verunsicherung nach dem Ende des Kalten Kriegs signalisierten: »Was ist heute links?«, »What's left?«, »Linke, was nun?«[9]

---

7 Thomas Ebermann u. a.: »Sie wollen uns auslöschen«. Konkret-Gespräch mit den Gefangenen aus der RAF Karl-Heinz Dellwo, Knut Folkerts und Lutz Taufer, in: Konkret 6/1992.

8 Peter Glotz: Die Linke nach dem Sieg des Westens, Stuttgart 1992.

9 Horst Dietzel, Konrad Irmschler (Hgg.): Was ist heute links? Ein Diskussionsangebot, Berlin 1991; Norberto Bobbio u. a.: What's left? Prognosen

Auf qualitativer Ebene war diese Kombination aus Kopflosigkeit und Rückzug allenfalls mit jener Niederlage zu vergleichen, auf die die Revolutionären Zellen mit ihrem Anschlag auf das Reichstagsgebäude 1991 geradezu bewusstlos anspielten: der Machtübertragung an Hitler. Während die tiefe Verunsicherung, die die Arbeiterbewegung Anfang der Dreißiger durch die Wahlerfolge der NSDAP erlebt hatte, noch durch die terroristischen Maßnahmen des neuen Regimes verstärkt wurde, war der Anlass der aktuellen Konfusion ausgerechnet eine Umwälzung in den Staaten, denen die Westlinke mit Ausnahme der DKP und ihres Umfelds stets desinteressiert, kritisch oder feindselig begegnet war. Den Resten der maoistischen K-Gruppen, die im Zuge des Niedergangs der antiautoritären Bewegung in den frühen Siebzigern entstanden waren, galten die Sowjetunion und ihre Verbündeten als »sozialimperialistisch« und ebenso bekämpfenswert wie die Vereinigten Staaten. Die undogmatische Linke schätzte die Sowjetunion zwar als Bündnispartner der nationalen Befreiungsbewegungen in der Dritten Welt, unterzog die parteikommunistische Bürokratie und den Autoritarismus allerdings immer wieder einer vehementen Kritik. Und die Autonomen traten regelmäßig unter der Parole »Aufstand in Ost und West – gegen Warschauer Pakt und Nato-Pest« auf.

Aufgrund dieser Distanz zeigte sich die selbstkritische Gruppe der Revolutionären Zellen, die im Januar 1992 ihre Auflösungserklärung verschickte, in dieser Schrift dann auch verwundert darüber, dass sie »in den Strudel der Auflösung linker Utopien und kommunistischer Systeme« geraten war, obwohl sie immer »meilenweit« von dem entfernt gewesen sei, was kurz zuvor »als Realsozialismus zu Recht Bankrott gegangen« war. Obwohl sie

---

zur Linken, Berlin 1993; Wolfgang Kowalsky, Wolfgang Schroeder (Hgg.): Linke, was nun?, Berlin 1993.

den Staatssozialismus stets ausschließlich als »Herrschaftsform« begriffen habe, sei ihr dieser Bankrott »auf die Füße« gefallen.[10] Eine andere Gruppe der Revolutionären Zellen, die den Rückzug ihrer Genossen kritisierte, kommentierte in der Logik dieses Bilds durchaus richtig: »[W]em die Trümmer auf die Füße fallen, der muss sehr dicht dran gewesen sein.«[11]

Tatsächlich wurde die Nähe zwischen der westlichen Linken und den Regimes in Osteuropa erst mit dem Ende des Kalten Kriegs in vollem Ausmaß deutlich. Erst mit der Implosion des Realsozialismus zeigte sich, dass diese Verbindung weit über die gemeinsamen ideengeschichtlichen Wurzeln in der Arbeiterbewegung des 19. Jahrhunderts hinausging. Der Untergang des Ostblocks gab den Blick auf den Einfluss frei, den seine Existenz auf die Debatten, die Aktivitäten und das Selbstverständnis selbst des undogmatischen Teils der Linken ausgeübt hatte.

Diese Nähe bestand allerdings weniger auf realpolitischer Ebene; sie basierte nicht so sehr, wie im Nachgang des Mauerfalls behauptet wurde, auf »Kollaboration«.[12] Die Sowjetunion, die DDR und der Ostblock waren stattdessen – und das ist der Grund dafür, dass ihr Bankrott der Westlinken, wie die Revolutionären Zellen erklärten, strömungsübergreifend so vehement »auf die Füße« fiel – die Eckpunkte jener ideologischen Bezugsrahmen, in denen sich die deutsche Linke bis dahin bewegt hatte.[13] Mit der DDR und ihren sozialistischen Bruderländern ging, mit anderen Worten, nicht allein eine Reihe von Staaten unter. Durch den Zerfall des Ostblocks verlor die Linke vielmehr das Referenz- und Legitimations-

10 RZ: Das Ende unserer Politik [1992], in: Die Früchte des Zorns. Bd. 1, 40 f.

11 RZ: Tendenz für die internationale soziale Revolution [1992], in: ebd., 61

12 Etwa Cora Stephan (Hg.): Wir Kollaborateure. Der Westen und die deutschen Vergangenheiten, Reinbek b. H. 1991.

13 Vgl. Jan Philipp Reemtsma: ... the bad and the ugly, in: Konkret 12/1990.

system, das ihr in Verlängerung über 1945 seit 1917 eine gewisse, allerdings seit den Siebzigern stark abnehmende Orientierungssicherheit geboten und ihren Handlungen einen gewissen Sinn verliehen hatte. Die Linke verlor mit dem Realsozialismus in der Sowjetunion, der DDR und den anderen Staaten des Moskauer Machtbereichs ihre welthistorischen, vergangenheits- und geopolitischen Gewissheiten: die Fixpunkte der Revolution, des Antifaschismus und des Antiimperialismus. Von diesem Verlust hat sie sich auch heute, mehr als ein Vierteljahrhundert nach dem Ende des Ost-West-Konflikts, noch nicht erholt. Das zeigt nicht nur die Größe ihrer Demonstrationen, die nur ein schwacher Schatten der linken Manifestationen aus der Zeit des Kalten Kriegs sind, sondern vor allem das Niveau ihrer seit 1989 im Dreijahrestakt wiederholten Debatten.

Kapitel I

Revolution: An der Seite der Sowjetunion

Die Oktoberrevolution

Die Anziehungskraft, die die Sowjetunion und die anderen Staaten des Ostblocks auf die westliche Linke ausübten, ging weniger von den realpolitischen Verwerfungen des Staatssozialismus, von Zentralkomitees, Planwirtschaft oder der Einschränkung der Pressefreiheit aus. Der Aufforderung, doch »nach drüben« zu gehen, mit der linke Studenten bei Demonstrationen, beim Verteilen von Flugblättern oder bei der sogenannten Betriebsarbeit in den Sechzigern und Siebzigern regelmäßig konfrontiert wurden, kam dementsprechend auch aus dem KPdSU- und SED-nahen DKP-Umfeld kaum jemand nach. Selbst die RAF-Aussteiger, die Anfang der Achtziger in die DDR emigrierten, siedelten nicht aufgrund ihrer Begeisterung für den sozialistischen Aufbauprozess in den Arbeiter- und Bauernstaat über, sondern weil sie ihrer Verhaftung in der Bundesrepublik entgehen wollten.

Die Bedeutung der Sowjetunion – und darüber vermittelt: der anderen Staaten des Ostblocks – für das Selbstverständnis der westlichen Linken lag vielmehr auf einer symbolischen Ebene. Sie ging auf die ikonographische Wirkung ihres Ursprungsereignisses, der Oktoberrevolution, zurück. Denn egal, wie kritisch die verschiedenen Fraktionen der historischen Arbeiterbewegung und der Linken den Bolschewiki auch gegenüberstanden – ob sie, wie Rosa Luxemburg, stärker auf die »Freiheit des Andersdenkenden« verwiesen, die von den Bolschewiki eingeschränkt wurde, oder, wie der Rätekommunist Anton Pannekoek, eher die bloße Übernahme des alten Staatsapparats durch die Lenin-Partei kritisierten: Die Euphorie, die die Russische Revolution seinerzeit auch bei den linken Gegnern des bolschewistischen Parteimodells, der Vorstellung einer Diktatur des Proletariats oder des Leninschen Putschismus auslöste, ist kaum zu überschätzen.

Linke Kritik an den Bolschewiki machte sich stets weniger an deren Zielen als an den Methoden fest. Denn durch Lenin und seine Genossen war nicht nur der Krieg beendet worden. Mit der Oktoberrevolution und dem jungen Sowjetstaat hatte auch die Hoffnung, die zu den zentralen Antriebsmomenten der alten Arbeiterbewegung gehörte, materielle Gestalt erhalten. Bei aller Kritik an den konkreten Ausprägungen des neuen Staatsaufbaus war durch den Roten Oktober gezeigt worden, dass die Programme der Arbeiterparteien des 19. Jahrhunderts nicht utopisch – im Sinne der ursprünglichen Wortbedeutung eines räumlichen und zeitlichen Nicht-Orts –, sondern realisierbar waren. Er hatte, um das Schlagwort einer linken Kampagne vom Beginn des 21. Jahrhunderts aufzugreifen, signalisiert, dass »eine andere Welt« möglich ist. Der Refrain der »Internationale«, der Hymne der Arbeiterbewegung, beginnt, so der Historiker Eric Hobsbawm, mit der Aufforderung »Völker hört die Signale«: »Und diese Signale kamen laut und klar aus Petrograd und aus Moskau, nachdem die Hauptstadt 1918 an einen sichereren Ort verlegt worden war.«[14] Der Sozialismus und der Sturz der alten Ordnung waren von nun an, wie der Stalin-Kritiker Isaac Deutscher 1967 schrieb, »keine Sache der Spekulation mehr, sondern der praktischen Erfahrung«.[15]

---

14 Eric Hobsbawm: Das Zeitalter der Extreme. Weltgeschichte des 20. Jahrhunderts, 3. Aufl., München 1999, 90.

15 Isaac Deutscher: Die unvollendete Revolution. Der Verlauf der Revolution 1917, Frankfurt/M. 1970, 69.

Trotz aller nicht zu leugnenden Grausamkeiten des Bürgerkriegs, der Übergriffe der Roten Armee, die Isaak Babel in seinem Buch *Die Reiterarmee* beschreibt, und des Terrors der Geheimpolizei Tscheka hatten der Sturz des Zaren, das Dekret über den Frieden und das Dekret über den Boden die Hoffnung genährt, dass die erste siegreiche sozialistische Revolution »eine Wende in der Geschichte von Elend und Ausbeutung bedeutet«.[16]

Die Nachrichten vom Aufbau des Sozialismus in der Sowjetunion, so erinnerte sich auch der Historiker Arthur Rosenberg, als er sich selbst schon längst von der KPD abgewandt hatte, wirkten auf die »Proletarier aller Länder« wie eine Erderschütterung: »Die Umwälzung, die für die Arbeiter seit vielen Jahrzehnten nur ein Traum gewesen war, zeigte sich plötzlich in heller Wirklichkeit. Der Beweis war erbracht, dass es möglich ist, die Unternehmer zu enteignen, das Geld beiseite zu schieben und die Fabriken dem Proletariat zu geben.«[17] So stimmten die Kongresse der französischen, italienischen, norwegischen und österreichischen Sozialistischen Parteien wie auch der deutschen Unabhängigen Sozialdemokratischen Partei Deutschlands (USPD) 1920 mit großer Mehrheit für den Anschluss an die Kommunistische Internationale. (Die Komintern verweigerte den Gruppierungen, die das leninistische Organisationsmodell nicht übernehmen wollten, allerdings die Aufnahme.) Eine Meuterei der französischen Marine im Schwarzen Meer stoppte während des Russischen Bürgerkriegs eine Militärintervention gegen die Sowjetmacht. Und in London brachten die Hafenarbeiter unter dem Gewerkschafter und Labour-Mitglied Ernest Bevin, der in den Vierzigern zum Minister des Vereinigten Königreichs ernannt werden sollte, ihre

16 Ebd.

17 Arthur Rosenberg: Geschichte des Bolschewismus [1932], Frankfurt/M., Köln 1966, 161.

Sympathie für Sowjetrussland dadurch zum Ausdruck, dass sie sich weigerten, Waffen für die polnischen Truppen zu verladen, die gegen die Bolschewiki kämpften.

Die Sympathien und Hoffnungen, die die Oktoberrevolution auf sich zog, gingen bis weit in bürgerliche Kreise hinein. Als Leo Löwenthal, langjähriger Mitarbeiter des Frankfurter Instituts für Sozialforschung, während des Zweiten Weltkriegs Mitarbeiter des amerikanischen Geheimdiensts und schließlich Professor in Berkeley, in den frühen Fünfzigern vor dem McCarthy-Ausschuss nach der Mitgliedschaft in einer Kommunistischen Partei gefragt wurde, antwortete er zwar mit »Nein«. Auf die Frage, ob er jemals Sympathien für die Kommunisten gehabt habe, reagierte er jedoch zum Erstaunen des Verhörführers mit einem stolzen und selbstbewussten »Ja«. Er sagte, wie er sich fast dreißig Jahre später erinnerte, dass er Jahrgang 1900 sei: »1917 brach die Revolution in Russland aus. Wir waren Schüler an einem Gymnasium in einer der liberalsten Schulen des liberalen Frankfurt. Wir hassten den Kaiser und den Weltkrieg, und wir erlebten die bolschewistische Revolution als eine Befreiungstat für die Menschheit.«[18] Er könne nur hoffen, so ergänzte er, dass die amerikanische Regierung niemals eine Person deutscher Herkunft aus seiner Generation auf einen sensiblen Posten setzen werde, der damals keine Sympathien für die Oktoberrevolution hatte.

Diese, über den symbolischen Gehalt des Roten Oktober und die durch ihn ausgelösten Hoffnungen vermittelte linke Bindung an die Sowjetunion wurde jedoch immer brüchiger. Die Moskauer Prozesse 1936 bis 1938, der Hitler-Stalin-Pakt 1939, die antisemitische Kampagne Anfang der Fünfziger (der Slánský-Prozess in Prag, die Enthüllung über eine vermeintliche Verschwörung

---

18 Leo Löwenthal: Mitmachen wollte ich nie. Ein autobiographisches Gespräch, Frankfurt/M. 1980, 121.

jüdischer Ärzte gegen Stalin in Moskau usw.) und schließlich die Niederschlagung des Ungarn-Aufstands 1956 wirkten als Dementi der Hoffnungen, die die Oktoberrevolution geschürt hatte.

Sah sich der Komintern-Vorsitzende Grigori Sinowjew auf dem Außerordentlichen Parteitag der USPD 1920 in Halle, zu dem er eigens angereist war, um für den Anschluss der Partei an die Kommunistische Internationale zu werben, noch zu dem Zugeständnis in der Lage, dass die Bolschewiki durch die Verhältnisse des Bürgerkriegs dazu gezwungen worden seien, einen »solchen Terror anzuwenden« und »Ströme von Blut« zu vergießen, wie sie es sich nie vorgestellt hätten,[19] war eine solche Aussage 15 Jahre später, zur Zeit der großen Prozesse, nicht mehr möglich. Die Rückführung des stalinistischen Terrors, des Gulags und selbst der Repressionen der poststalinistischen Ära auf den stummen Zwang der Verhältnisse wäre nicht mehr plausibel gewesen. Terror, Straflager und Verfolgungen wurden dementsprechend nicht mehr öffentlich gerechtfertigt, sondern verschwiegen. Alexander Solschenizyns Buch *Der Archipel Gulag*, dessen Veröffentlichung in den Siebzigern zur Abkehr einer ganzen französischen Intellektuellengeneration vom Kommunismus führte, konnte diese Wirkung nur entfalten, weil Informationen über den Lagerkosmos und das volle Ausmaß der Verbrechen des Stalinismus innerhalb der kommunistischen Weltbewegung über Jahrzehnte tabuisiert waren.

Wer wollte, hätte allerdings, wie bei Tabus üblich, auch vorher schon davon wissen können. Leo Löwenthal konnte gegenüber dem Mitarbeiter des McCarthy-Ausschusses, der ihn Anfang der Fünfziger verhörte, dementsprechend guten Gewissens erklären, dass er keine Sympathien für die Kommunistische Partei mehr hege. George Orwell, der in Spanien in der Miliz des als trotzkis-

19 [Grigori Sinowjew]: Referat, in: Protokolle der Parteitage der USPD. Bd. 3. 1920, Glashütten i. T. 1976, 53.

tisch verfemten Partido Obrero de Unificatión Marxista (POUM), der Arbeiterpartei der marxistischen Einheit, gekämpft hatte und durchaus Sympathien für die Oktoberrevolution aufbrachte, malte vor dem Hintergrund der sowjetischen Entwicklung in der Stalin-Ära in seinem Roman *1984* eine totalitäre Zukunft, die er auf das Bild eines Stiefels brachte, »der in ein Menschenantlitz tritt – immer und immer wieder«.[20]

Die eingefrorene Chance

Spätestens mit den Nachrichten, die dem Attentat auf den Leningrader Parteichef Sergej Kirow, dem Startsignal des Großen Terrors der Dreißiger, folgten, konnte die Existenz der Sowjetunion nicht mehr nur als empirischer Beweis dafür angeführt werden, dass die Errichtung einer sozialistischen Gesellschaft grundsätzlich möglich sei, sondern auch für das Gegenteil. Sie konnte als Beleg für die Aussage herangezogen werden, dass der Sozialismus stets eine Utopie bleiben werde – oder durch den blutigen und despotischen Charakter des Sowjetregimes ein für alle Mal diskreditiert worden sei. Bei den Vertretern der westlichen Linken, die trotz der Verwerfungen des Realsozialismus auch über die Moskauer Prozesse und den Hitler-Stalin-Pakt hinaus am Glauben an eine befreite Menschheit festhalten und sich dennoch nicht, wie das sowjetmarxistische Lager, in Apologie des Kreml üben wollten, traten die abstrakte Existenz der Sowjetunion und die konkrete Politik der KPdSU (Gulag, Autoritarismus usw.) immer weiter auseinander. Die »objektive« welthistorische Funktion der Sowjetunion wurde von den konkreten Ausprägungen des Sowjetsystems abgespalten.

20 George Orwell: 1984 [1949], Frankfurt/M., Berlin 1984, 272.

Nach diesem geschichtsphilosophisch vermittelten Auseinandertreten von abstrakter und konkreter Existenz konnte der Sowjetunion plötzlich wieder ein Mehr auf der Habenseite verbucht werden als den bürgerlichen Demokratien des Westens – mit Folgen, die auf den ersten Blick schizophren anmuten. Ausgewiesene linke Gegner des Sowjetsystems formulierten einerseits immer wieder vehemente Kritik am »Soviet Way of Life«, warfen früheren Genossen, die das Sowjetsystem mit dem Stalinismus endgültig diskreditiert sahen, andererseits allerdings regelmäßig Verrat, Armseligkeit oder den Übergang ins bürgerliche Lager vor.[21] Wenn sich die »praktische Erfahrung«, die nach den Worten Isaac Deutschers die bisherigen Spekulationen über die Möglichkeit des Sozialismus mit der Gründung der Sowjetunion abgelöst hatte, nicht wieder in Spekulation und Utopie zurückverwandeln sollte, musste der Glauben an die Reformfähigkeit des Sowjetsystems aufrechterhalten werden.

Ganz in diesem Sinn wurde die Existenz der Sowjetunion auch von ihren Kritikern in der westlichen Linken nur selten als Resultat einer misslungenen oder gescheiterten, sondern allenfalls einer »arretierten« oder, noch beliebter, einer »eingefrorenen« Revolution verstanden.[22] (Schon Ilja Ehrenburgs berühmter Roman *Tauwetter* von 1954, der den Titel für eine kurze Periode der Sowjetgeschichte lieferte, arbeitete mit dieser Eis-Metaphorik.) Die verschiedenen Fraktionen der außerparlamentarischen Linken unterschieden sich hier allenfalls durch die Antworten auf die Frage, wann die Arretierung erfolgt sei. Wenn sie nicht, wie die DKP und ihr Umfeld, ganz auf die Kritik des Realsozialismus verzichteten, setzten sie den Schnitt wahlweise bei der Niederschlagung

---

21 Exemplarisch Detlev Claussen: Fortsetzung eines schmerzlichen Versuchs, in: Links 10/1987.

22 Vgl. Reemtsma: … the bad and the ugly.

des Matrosenaufstands von Kronstadt und der Ausschaltung der Räte 1921, der Einführung des krypto-marktwirtschaftlichen Systems der Neuen Ökonomischen Politik im gleichen Jahr, beim Tod Lenins 1924 oder am Beginn der Stalinisierung.

Die in den Siebzigern entstandenen maoistischen K-Gruppen, die in diesem Jahrzehnt von Zehntausenden durchlaufen wurden, sahen den Niedergang des Sozialismus in der Sowjetunion sogar erst mit dem XX. Parteitag der KPdSU 1956, dem zentralen Ereignis der Entstalinisierung also, beginnen. Sie wollten Stalin als großen Staatsmann begriffen wissen und sprachen in Übereinstimmung mit der offiziellen chinesischen Doktrin oft von »dreißig Prozent Fehlern, siebzig Prozent Verdiensten« des Diktators.

Die zahllosen linken Diskussionen, die nach 1968 darüber geführt wurden, ob die Sowjetunion noch als sozialistisch, schon wieder als kapitalistisch, als »postkapitalistisch« oder »präsozialistisch« zu begreifen sei, waren so nicht nur Auseinandersetzungen über den Charakter des Sowjetsystems. Es waren vielmehr Debatten über das eigene politische Selbstverständnis. In ihnen konnte zugleich die Ahnung von der Wirkungslosigkeit des politischen Handelns der westlichen Linken abgewehrt werden. Mit dem Charakter der Sowjetunion wurde über die historische Rückversicherung des eigenen Agierens verhandelt. Denn so gering die Wirkungskraft der außerparlamentarischen Linken in den Metropolen auch war, so versteinert die Verhältnisse in den kapitalistischen Industrieländern auch schienen: Die Existenz der Sowjetunion ließ die Aktivitäten der systemkritischen westlichen Linken bei aller vehementen Kritik am Realsozialismus als Teil eines 1917 begonnenen welthistorischen Umwälzungsprozesses erscheinen. Sie gab auch den Mitgliedern der rätekommunistischen, sozialistischen und linkssozialistischen Klein- und Kleinstparteien des Westens die Möglichkeit, sich, wie Eric Hobsbawm einmal bemerkte, »selbst (soziologisch gesehen) als Teil der Weltkirche und nicht als eine Sekte zu betrachten«; sie blieb für die meisten, die auch weiterhin an die Notwendigkeit einer Weltrevolution glaubten, »der einzige Joker im Spiel«.[23]

Die Sowjetunion fungierte, mit anderen Worten, für einen großen Teil auch der moskaufernen Linken als ein – wie brutal, schwach, deformiert oder unfähig auch immer erscheinender – Statthalter des Glaubens an die Veränderbarkeit der Welt durch den Willen der Menschen. Genau das markiert die »schmerzliche Bindung«[24] auch der sowjetkritischen Linken an das Land der Oktoberrevolution. Wer den sozialistischen oder, weniger affirmativ, den »postkapitalistischen« Charakter der Sowjetunion bestritt, wurde öffentlich in der Regel fortan entweder nicht mehr als Linker wahrgenommen. Oder er fand in Übereinstimmung mit dem chinesisch-sowjetischen Schisma von 1959, als die beiden Staaten nach einem Streit über die Führungsrolle des Weltkommunismus getrennte Wege gingen, Anschluss an einen neuen Statthalter: Er ersetzte den immer schwächer werdenden symbolischen Gehalt Moskaus durch die Bezugnahme auf Peking.

Diejenigen, von denen die weitere chinesische Eskalation des Konflikts ab 1974 befürwortet und die Sowjetunion schließlich als »Hauptfeind der Völker« – so Ernst Aust, der Vorsitzende der maoistischen KPD/ML (Marxisten-Leninisten) im März 1975[25] –, soll heißen: als nicht mehr reformierbar, dargestellt wurde, blieben innerhalb der Linken dennoch die Ausnahme. Selbst innerhalb des K-Gruppen-Lagers, das auf die Betrachtung der Sowjetunion als »sozialimperialistisch« und »revisionistisch« abonniert war, wurde

---

23 Hobsbawm: Das Zeitalter der Extreme, 100 ff.

24 Claussen: Fortsetzung eines schmerzlichen Versuchs.

25 Zit. n. Michael Steffen: Geschichten vom Trüffelschwein. Politik und Organisation des Kommunistischen Bundes 1971 bis 1991, Berlin u. a. 2002, 63.

die absolute Verdammung der Sowjetunion nicht von allen Organisationen mitgetragen. So sprach etwa der maoistische Kommunistische Bund in den Siebzigern zwar von der »Entwicklung des modernen Revisionismus zu einem von innen nicht mehr zu korrigierenden System«. Die Sowjetunion verliere »zunehmend den Charakter eines sozialistischen Landes«.[26] Der Bund machte allerdings deutlich, dass er diesen Prozess in Abgrenzung zur weiterhin China- und später Albanien-treuen KPD/ML noch nicht für abgeschlossen halte – dass die Lösung der Arretierung oder die Umkehr des Revisionsprozesses also noch möglich sei.[27] Für diejenigen, die, wie die ehemaligen Kommunisten Richard Löwenthal, Arthur Koestler oder Manès Sperber, nach ihrer Abkehr von der Sowjetunion an sozialistischen Ideen festhalten, aber weder an die Seite Pekings noch in die Sektenexistenz flüchten wollten, blieb mangels Alternative lange Zeit nur die Rolle des »Kalten Kriegers« reserviert.

Der sowjetkritische Teil der Linken verhielt sich damit im Hinblick auf die Sowjetunion so, wie es Max Horkheimer, der Vordenker der Kritischen Theorie, Anfang der Dreißiger für den kritischen Intellektuellen seiner Zeit beschrieben hatte: Er begriff die Ereignisse in der Sowjetunion als den »fortgesetzten schmerzlichen Versuch«, die »furchtbare gesellschaftliche Ungerechtigkeit« – die in den Siebzigern und Achtzigern allerdings weniger in Europa als in Asien, Afrika und Lateinamerika zu spüren war – zu überwinden. Oder er fragte »wenigstens klopfenden Herzens«, ob dieser Versuch noch andauere: »Wenn der Schein dagegen spräche, klammerte er sich an die Hoffnung wie ein Krebskranker an die fragwürdige Nachricht, dass das Mittel gegen seine Krankheit wahrscheinlich gefunden sei.«[28]

---

26 O. A.: Wie sich das Zirkelwesen …, in: AK 24/1972.

27 Vgl. Steffen: Geschichten vom Trüffelschwein, 66.

28 Max Horkheimer: Dämmerung. Notizen in Deutschland [1934], in: ders.:

Exemplarisch für diese schmerzhafte Bindung der moskaukritischen Linken an das Land der Oktoberrevolution steht eine bekannte, auch in der Bundesrepublik und in Westberlin breit rezipierte Schrift Isaac Deutschers, der als Trotzkist und Autor einer der ersten Broschüren über den Beginn der Moskauer Prozesse – das Heft erschien noch 1936 – jeglicher Apologetik für den Stalinismus und den bürokratischen Charakter der Sowjetunion unverdächtig ist. Bei aller Kritik am »Elend« und den »Torheiten« in der Sowjetunion konnte sich Deutscher, der 1932 aus der illegalen Kommunistischen Partei Polens ausgeschlossen worden war, doch nicht dazu entschließen, sich vollkommen von der Sowjetunion zu distanzieren.

Auch Deutscher begriff die Oktoberrevolution nicht als gescheiterte, sondern, wie es im Titel seiner Schrift von 1967 heißt, als »unvollendete Revolution«. Die Revolution sei »noch nicht zu Ende«, sie sei »noch immer in Bewegung«. Sie könne und müsse sich dementsprechend »aus eigener Kraft rehabilitieren«: »Die Sowjetgesellschaft kann sich nicht mehr länger damit abfinden, lediglich ein Objekt der Geschichte und von den Launen von Autokraten oder den selbstherrlichen Entscheidungen von Oligarchien abhängig zu sein. Sie muss das Gefühl wiedererlangen, ihr eigener Herr zu sein. Sie muss sich die Kontrolle über ihre Regierung verschaffen und den Staat, der sich so lange hoch über die Gesellschaft erhoben hatte, in ein Instrument des demokratisch ausgedrückten Willens und Interesses des Volkes verwandeln.« Sowohl mit dieser Möglichkeit als auch mit ihrem »Prinzip einer neuen sozialen Organisation« stehe die Russische Revolution auch dem Westen »noch immer mit einem ernsten und herausfordernden *tua res agitur* [es geht um deine Sache, J.G.] gegenüber«.[29]

Gesammelte Schriften. Bd. 2, Frankfurt/M. 1987, 389.

29 Deutscher: Die unvollendete Revolution, 93, 12, 79, 94, 102.

Ganz im Sinn eines solchen Glaubens an die »eingefrorene« oder »arretierte« Chance der Oktoberrevolution sorgten Protestbewegungen und Aufbrüche im Ostblock bei aller sonstigen Ignoranz der Vorgänge hinter dem Eisernen Vorhang innerhalb des sowjetkritischen Teils der westlichen Linken regelmäßig für Beachtung: Der Aufbruch von 1968 in der Bundesrepublik und Westberlin ist zwar nicht zuletzt als Reaktion auf eine komplizierte Gemengelage aus Generationenkonflikt, der Empörung über den Krieg in Vietnam, der unbewältigten Nazivergangenheit und der lebensweltlichen Enge der deutschen Nachkriegsgesellschaft zu begreifen. Die Zuversicht und die Euphorie, mit der die Protagonisten der Protestbewegung auf die Straße gingen, sind jedoch ohne die zeitgleichen Ereignisse in Paris, Mexico City, Berkeley, aber eben auch Prag, Warschau, Zagreb und Belgrad nicht zu verstehen. Die Reformversuche in der Tschechoslowakei oder die Studentenbewegungen in Polen und Jugoslawien wurden ebenso wie die Kämpfe im Trikont mit einem erheblichen Maß an Selbstbezüglichkeit als Ausdruck der gleichen Aufbruchsbewegung wahrgenommen, der sich auch die Protestierenden in Westberlin oder Frankfurt zurechneten.

Nur sehr genaue Kenner der Materie konnten, wie der Publizist Gerd Koenen resümiert, damals schon erkennen, dass in den osteuropäischen Dissidenz-Bewegungen »sowohl die Keime einer liberal-demokratischen Abwendung vom sozialistischen System wie umgekehrt auch die Ansätze eines völkischen und religiösen Fundamentalismus, die nach '89 plötzlich die politische Szenerie bestimmten«, enthalten waren.[30] Insbesondere mit dem Prager Frühling und der Verkündung des »Sozialismus mit menschlichem Antlitz« in der Tschechoslowakei schien die Arretierung des

30 Gerd Koenen: Das rote Jahrzehnt. Unsere kleine deutsche Kulturrevolution 1967–1977, 2. Aufl., Frankfurt/M. 2002, 217.

»Projekts 1917« gelöst zu werden. Rudi Dutschke, der Wortführer der Außerparlamentarischen Opposition (APO), reiste nach Prag und sprach an der Karls-Universität vor mehr als tausend Studenten; Vertreter der undogmatischen Westberliner Linken schickten aus Anlass der großen Diskussionsveranstaltung im Prager Kongresspalast im März 1968 – hier debattierten Politiker, Journalisten und Schriftsteller vor rund 15.000 Menschen über die Reformierung des Sozialismus – eine Grußadresse, in der ihr Verhältnis zum Realsozialismus noch einmal in komprimierter Form wiedergegeben wurde: »Uns eint mehr,« so hieß es in diesem Schreiben, »als es der Reaktion lieb ist.« Allerdings unterscheide sich der Protest der westlichen Linken an einem wesentlichen Punkt vom Kampf in Osteuropa: Während die Bewegungen jenseits der Systemgrenze »die sozialistische Basis zu einem freiheitlich-kommunistischen System« zu erweitern suchten, arbeite die Protestbewegung in den kapitalistischen Ländern erst »auf dem Vorfeld dieser Möglichkeiten«.[31]

Auf eine ähnliche Wahrnehmung der Proteste und Aufbrüche in Osteuropa dürfte auch die Begeisterung zurückzuführen sein, die dem Sänger Wolf Biermann seit den späten Sechzigern in der Bundesrepublik bis weit ins DKP-Lager hinein entgegengebracht wurde. Biermann, der 1953 aus Hamburg nach Ostberlin übergesiedelt war und dort bald zur Symbolfigur der linken Opposition gegen das SED-Regime wurde, stand nicht für die Abschaffung des Sozialismus in den Staaten des Ostblocks, sondern für dessen Erneuerung. Seine Lieder über die Pariser Kommune, die 1968 in Prag auferstanden sei (»In Prag ist Pariser Kommune«), oder den baldigen Aufbruch in eine bessere sozialistische Gesellschaft (»Warte nicht auf bess're Zeiten«) weckten die Hoffnung auf eine

31 Zit. n. O. A.: Studentenkundgebung in Prag. Gruß aus Westberlin verlesen, in: Berliner Extra-Dienst, 27.3.1976.

Bewegung, die das Erbe der Oktoberrevolution fortführt und den Staatssozialismus von innen heraus reformiert. Noch der öffentliche Protest einiger weniger ostdeutscher Intellektueller gegen Biermanns Ausbürgerung aus der DDR 1976 – insgesamt waren es dreizehn Prominente – wurde in der Zeitschrift *Links* euphorisch als »Spitze eines Eisbergs« bezeichnet, der im Auftauen begriffen sei: »Polen, Ungarn 1956, ČSSR 1968, Polen 1970 und immer wieder Polen« seien »untrügbare Zeichen« dafür, dass der Protest im Ostblock »immer mehr das Gesicht eines Massenkampfs für Sozialismus annimmt, in dem republikanische Freiheiten durch eine Aktionseinheit von Arbeitern und Intellektuellen die Partei, die alles zugleich sein will – Staat und Gesellschaft – zu isolieren droht«.[32]

Als 1980 mit der polnischen Gewerkschaft Solidarność eine Protestbewegung entstand, die stark von der katholischen Soziallehre geprägt war, stellte ein nicht unerheblicher Teil der Linken, insbesondere aus undogmatischen Kreisen, schließlich selbst seine klassischen Vorbehalte gegen Religion im Allgemeinen und den Katholizismus im Besonderen – wohl eine der Nachwirkungen des Bismarckschen Kirchenkampfs – zurück und deutete das Aufbegehren der Gewerkschafter, die teilweise mit Papst- und Marienbildern auf die Straße gingen, als den Beginn einer Erneuerung des Sozialismus von innen heraus. Der Ausgangspunkt der linken Parteinahmen war damit, wie so oft in der Geschichte der Linken, weniger die »wirkliche Bewegung«, von der Marx und Engels einst gesprochen hatten,[33] als Ernst Blochs »Prinzip Hoffnung«.

32 Detlev Claussen: Wolf Biermann, in: Links 12/1976.

33 Karl Marx, Friedrich Engels: Die deutsche Ideologie [1845/46], in: dies.: Werke (MEW). Bd. 3, Berlin/Ost 1969, 35.

Enttäuschte Hoffnungen

Mit der Niederschlagung oder dem Scheitern der jeweiligen Aufbruchsversuche wurden die Hoffnungen auf eine Reformierbarkeit des Realsozialismus innerhalb der westlichen Linken stets aufs Neue enttäuscht. Ähnlich der Orientierung auf die nationalen Befreiungsorganisationen in der Dritten Welt, wenn auch in geringerem Ausmaß, folgten auch die Bezugnahmen auf die dissidenten Bewegungen in Osteuropa dem Konjunkturverlauf von Idealisierung und Gedächtnisverlust. Sobald die Aufbrüche die in sie gesetzten Hoffnungen nicht erfüllen konnten – sei es, weil sie repressiv abgebrochen wurden, sei es, weil sie aufgrund zunehmender Unübersichtlichkeit und Widersprüchlichkeit immer häufiger mit den projektiven Erwartungen der westlichen Linken kollidierten –, erfolgte ein Umschwenken.

Die Begeisterung wurde durch Desinteresse ersetzt: Der Sozialistische Deutsche Studentenbund (SDS), der Generator der außerparlamentarischen Revolte der Sechziger, und andere Zusammenschlüsse organisierten nach der Niederschlagung des Prager Frühlings im August 1968 zwar in allen größeren Universitätsstädten der Bundesrepublik und in Westberlin Protestveranstaltungen gegen den Einmarsch von Truppen des Warschauer Vertrags in die Tschechoslowakei. Danach verschwand das Land jedoch für lange Zeit wieder aus dem Blick der Linken. Wolf Biermanns Popularität sank nach einem kurzen Hoch im Nachgang seiner Ausbürgerung aus der DDR in dem Maß, in dem er nicht mehr als Repräsentant der »anderen DDR« und der Möglichkeit einer Erneuerung wahrgenommen werden konnte, sondern für die Enttäuschung dieser Hoffnung stand. Seine baldige Abkehr vom Kommunismus tat sicher ein Übriges. Und auch an der polnischen Gewerkschaftsbewegung, über die Anfang der Achtziger auf breiter Ebene berichtet worden war, zeigte die Linke schon in der Mitte des Jahrzehnts, nach der Aufhebung des Kriegsrechts in der Volksrepublik, nur noch wenig Interesse.

Die Wahl Michail Gorbatschows zum Generalsekretär der KPdSU im März 1985 rief die Hoffnungen auf die Reformierbarkeit des Realsozialismus ein letztes Mal auf den Plan. Nach all den enttäuschten Erwartungen schienen Glasnost und Perestroika, die neue Offenheit und die Umgestaltung in der Sowjetunion, doch noch zu bestätigen, dass die Russische Revolution nicht gescheitert war. Während die Bürgerbewegung der DDR vonseiten der Westlinken kaum Beachtung fand, wurde die sowjetische Reformpolitik bis weit in die DKP hinein, die an unterschiedlichen Einschätzungen des von Gorbatschow verkündeten »Neuen Denkens« fast zerbrach, als Wiederaufnahme des nach 1917 erstarrten Projekts begriffen. Sie wurde als ein neues Tauwetter und ein konsequentes Ergreifen der bis dahin eingefrorenen Chance der Oktoberrevolution wahrgenommen. Die KPdSU kämpfe, so wurde 1988 beispielhaft von einem Vertreter der Hamburger Grün-Alternativen Liste erklärt, um die Wiederherstellung der Macht der Räte und strebe, »indem sie ihre Avantgarde-Rolle von deren Zustimmung abhängig macht, zugleich ihre antibürokratische Erneuerung an«.[34]

Solche mehr beschwörenden als euphorischen Hoffnungen auf einen sozialistischen Reformprozess im Ostblock wurden 1989 anachronistisch. Mit dem Zusammenbruch des Realsozialismus in diesem Jahr und seiner Ratifizierung durch die Niederschlagung des Moskauer Putschs im August 1991 verlor die Projektionsfläche Oktoberrevolution ihre materielle und territoriale Gestalt. Leningrad wurde in St. Petersburg zurückbenannt; der Linken

34 Hermann L. Gremliza u. a.: Vom Ende des Klassenkampfes – Wohin treibt die Sowjetunion? Konkret-Streitgespräch, in: Konkret 12/1988 [Diskussionsbeitrag von Michael Stamm].

kam der welthistorische Bezugsrahmen, in dem sie sich bis dahin bewegt hatte, abhanden.

Ließ sich bis 1989 noch von einer »eingefrorenen« welthistorischen Chance sprechen, ist die Forderung nach einem neuen Tauwetter mit dem Untergang der Sowjetunion obsolet geworden. Eine Chance, »die nicht verpasst, sondern nicht gewollt wird«, so schrieb Jan Philipp Reemtsma, der Gründer und Mäzen des Hamburger Instituts für Sozialforschung, seinerzeit in der *Konkret*, »hat es in gewissem Sinne nicht gegeben«. Aus diesem Grund würden die Jahre von 1989 bis 1991 auch den Charakter des Jahrs 1917 verändern – »und zwar unabhängig davon, welche Ursachen man für das Desinteresse an dieser historischen Chance angeben will«.[35]

Die außerparlamentarische westliche Linke kann sich seit 1989 nicht mehr als (wie kritisch zu den anderen Fraktionen auch immer stehender) Teil einer großen, von 1917 ausgehenden welthistorischen Umbruchsbewegung begreifen, die dabei ist, die Welt zu verändern – und die ihre grundsätzliche Fähigkeit dazu bereits auf einem Drittel des Planeten unter Beweis gestellt hat: »Will man eine ›Befreiungsbewegung‹ – die Ideale, unter denen sie antritt, mögen so sonderbar und befremdlich sein, wie sie wollen – als Teil jenes Revolutions- oder Befreiungsprojektes sehen, für das ›1917‹ nicht als Erfüllungsdatum, wohl aber symbolisch stand und real stand als Projektionsfläche für die Hoffnungen von Millionen von Menschen, dann muss außer dieser besonderen ›Befreiungsbewegung‹ sich sonst noch etwas ›Derartiges‹ tun in der Welt.«[36]

Angesichts der großen Symbolkraft der Sowjetunion bzw. des »gigantischen Schatten[s] der Oktoberrevolution«, von dem Eric

---

35 Reemtsma: … the bad and the ugly.
36 Ebd.

Hobsbawm spricht,[37] können die wenigen Länder und Bewegungen, die sich auch weiterhin auf das staatssozialistische Entwicklungsmodell berufen, in diesem Zusammenhang als *quantité négligeable* betrachtet werden. Trotz aller Angriffe, die seit den späten Fünfzigern von maoistischer Seite auf die Sowjetunion geführt wurden, hatte sich auch das große China stets positiv auf die Oktoberrevolution bezogen.

Auch das Bild der Volksrepublik wurde insofern von der Implosion der staatgewordenen Manifestation des Roten Oktobers affiziert. Schließlich hatten die Reformversuche Gorbatschows nicht zu einer Erneuerung des Sozialismus in der Sowjetunion, sondern zu ihrem Untergang geführt. Mit den Reformen war die Revolution nicht reaktiviert oder wieder aufgegriffen worden; sie stehen vielmehr für die Unmöglichkeit einer solchen Reaktivierung – zumindest auf der Basis des Realsozialismus. Wenn sich die Reformfähigkeit des Sozialismus im Ursprungsland der Oktoberrevolution praktisch als Illusion erwiesen hatte, warum sollten dann die wenigen anderen Staaten, die auch weiterhin am Marxismus-Leninismus festhielten, erfolgreicher sein – erst recht, wenn sie die Notwendigkeit einer Erneuerung auch noch bestritten und gegen Reformversuche, wie China im Juni 1989 auf dem Platz des Himmlischen Friedens, mit Waffengewalt vorgingen?

Das subkutane Band, das die sowjetkritische Linke des Westens mit den Staaten des Realsozialismus verbunden hatte, war mit dem Scheitern der Reformversuche der KPdSU und dem Untergang der Sowjetunion durchtrennt worden. Der Rote Oktober und die Gesellschaftsordnungen, die auf ihm basierten, stehen aufgrund des Untergangs seines staatgewordenen Satrapen nicht mehr, wie es noch in den Siebzigern von linken Sowjetkritikern erklärt

---

37 Hobsbawm: Das Zeitalter der Extreme, 102.

werden konnte, für eine Wende in der Geschichte von Elend und Ausbeutung. Sie erscheinen im Rückblick allenfalls als retardierendes Moment bei der Globalwerdung der kapitalistischen Gesellschaftsordnung.[38] Die westliche Linke ist damit seit 1989 auf sich selbst zurückgeworfen. Sie steht, und das ist einer der Gründe für die allgemeine Konfusion in den Jahren nach 1989, ohne welthistorische Bezugsgröße da.

38 Vgl. Reemtsma: … the bad and the ugly.

Kapitel II

Antifaschismus: An der Seite des Fortschritts

Der rote Faden der Geschichte

Mit dem Antifaschismus des untergegangenen Arbeiter- und Bauernstaats entdeckte die deutsche Öffentlichkeit nach der Wiedervereinigung für einige Jahre ein neues Feindbild. Publizisten wie der damalige *Welt*-Redakteur Rainer Zitelmann, ehemalige DDR-Bürgerrechtler oder der zum Deutschnationalismus konvertierte *Konkret*-Gründer Klaus Rainer Röhl verwiesen nicht allein darauf, dass der Antifaschismus des SED-Regimes allenfalls »verordnet« war.[39] Sie reduzierten ihn vielmehr auf eine Legitimationsideologie der DDR. Die einschlägigen Artikel, Aufsätze und Bücher waren in der Regel zwar nur allzu leicht als Kampfschriften zu dechiffrieren. Sie richteten sich oft gegen diejenigen, die durch ihre Aktivitäten gegen das »Dritte Reich« ein Existenzialurteil über den Nationalsozialismus gefällt hatten: die ehemaligen Widerstandskämpfer. Dennoch war weder der Verweis auf den ideologischen Charakter des Antifaschismus noch der Hinweis auf die Verbindungen zwischen dem Antifaschismus und dem Realsozialismus vollkommen falsch.

Der Antifaschismus hatte der Sowjetunion und den mit ihr verbündeten Parteien der Komintern schon in den Dreißigern eine

39 Etwa Rainer Zitelmann: Anti-Germanen, in: Die Welt, 15.12.1990; ders.: Wiedervereinigung und deutscher Selbsthass, in: Deutschland-Archiv 8/1992; Klaus Rainer Röhl: Lebenslüge Antifaschismus, in: FAZ, 9.10.1993.

Anerkennung verschafft, die nur noch bedingt im Zusammenhang mit der Oktoberrevolution stand. Hatten zahlreiche Intellektuelle den Aufständen der Arbeiter von Berlin, Mailand oder Budapest in der kurzen revolutionären Epoche von 1918 bis 1921 noch gleichgültig bis skeptisch gegenübergestanden, näherte sich die kritische Intelligenz im Kontext der Machtübertragung auf Hitler an die Sowjetunion und die Bruderparteien der KPdSU an.

Eine der Voraussetzungen dieses Zusammengehens war die kommunistische Neubestimmung des Antifaschismusbegriffs. Während die Parteien der Kommunistischen Internationale Faschismus und Sozialdemokratie im Rahmen der 1924 vom damaligen Komintern-Chef Grigori Sinowjew verkündeten Sozialfaschismuslinie bis dahin als »Zwillingsbrüder« (Josef Stalin) betrachtet hatten, gingen sie ab 1933 auf Abstand zu dieser Doktrin. Spätestens seit der berühmten Rede Georgi Dimitroffs beim VII. Weltkongress der Komintern 1935 propagierten die kommunistischen Parteien den gemeinsamen antifaschistischen Kampf von Kommunisten, Sozialdemokraten und bürgerlichen Kräften in einer Einheits- bzw. Volksfront.

Die Höhepunkte dieses Engagements waren zweifellos die Bildung des Front Populaire unter Léon Blum in Frankreich 1936 und der Spanische Bürgerkrieg 1936 bis 1939. Durch die Aktivitäten der sowjetischen Geheimpolizei in Spanien – sie ging bald nicht nur gegen die Parteigänger der klerikalfaschistischen Putschisten um Francisco Franco, sondern auch gegen Oppositionelle in den eigenen Reihen, gegen tatsächliche oder vermeintliche Trotzkisten und Anarchisten, vor – und mehr noch durch den Hitler-Stalin-Pakt 1939 wurde diese Allianz zwar gleich wieder schwer erschüttert. Mit dem deutschen Überfall auf die Sowjetunion im Sommer 1941 lebte sie jedoch erneut auf.

Als Jan Philipp Reemtsma 1991 in der *Konkret* schrieb, dass Moskau 1989/90 noch einmal kurzzeitig von linker Seite »unter

Angabe der Konten 33 33 33 und 41 41 41« beschenkt worden sei,[40] spielte er auf eine Neudefinition der Sowjetunion und des Parteikommunismus an, die mit der Machtübergabe an die Nazis 1933 und dem Beginn des »Unternehmens Barbarossa« 1941 erfolgt war. Die liberalen Demokratien schienen durch die Ernennung Hitlers zum Reichskanzler, die Nichteinmischung der späteren Westmächte in den Spanischen Bürgerkrieg und die »étrange défaite« (Marc Bloch), die schnelle und unerwartete Niederlage Frankreichs im Mai 1940, vor Faschismus und Nationalsozialismus kapituliert zu haben.

Obwohl der Antifaschismus nach der kommunistischen Abkehr von der Sozialfaschismusthese in erster Linie auf die Verteidigung der liberalen Demokratien ausgerichtet war, verschmolz in diesem Konzept die Erinnerung an die Oktoberrevolution mit dem Kampf gegen die Nazis. Die Hoffnung, auf die der antifaschistische Widerstand gerade in den ersten Jahren angewiesen war, schien nur das Land der Oktoberrevolution erfüllen zu können. Zwar hatte auch die Sowjetunion mit Deutschland paktiert. Verglichen mit der Appeasement-Politik des Westens schienen in der linken Wahrnehmung jedoch selbst die 22 Monate, in denen der Hitler-Stalin-Pakt gültig war, kaum ins Gewicht zu fallen.

Die Tatsache, dass die Sowjetunion den Kampf gegen den Nationalsozialismus zwischen 1941 und 1943, der Landung der Westalliierten im süditalienischen Salerno, auf dem europäischen Kontinent fast allein führte, trug ebenfalls dazu bei, die Erinnerung an das deutsch-sowjetische Bündnis schwinden zu lassen. So wurde das Konzept des Antifaschismus zu einem Statthalter des Glaubens an einen vernünftigen Gang der Geschichte, der mit der nationalsozialistischen Revolution bereits infrage gestellt worden war.

---

40 Jan Philipp Reemtsma: Deutsche Linke '91, in: Konkret 11/1991.

Dieser Glaube war zwar im parteikommunistischen Spektrum besonders stark ausgeprägt – der Auschwitz-Häftling Jean Améry erinnerte sich dementsprechend, dass Parteikommunisten und überzeugte Christen diejenigen waren, die die Qualen der Konzentrationslager am stoischsten ertrugen:[41] Beide glaubten, dass ihr Leiden einen tieferen Sinn hatte; die einen erklärten sich ihr Elend mit dem unergründlichen Willen Gottes, der im Paradies auf sie warte, die anderen beriefen sich auf den gesetzmäßigen Gang der Geschichte in Gestalt Josef Stalins. Die Anziehungskraft, die das Konzept des Antifaschismus und die Volksfrontpolitik auf einen Teil der bürgerlichen Intelligenz ausübten, dürfte allerdings nicht zuletzt darauf basiert haben, dass die kommunistische Bewegung in ihrem teleologischen Weltbild nur den Geschichtsoptimismus zuspitzte, den auch andere politische Strömungen pflegten, die mit der Aufklärung entstanden waren. Das gilt für den Liberalismus, der die idyllische Bürgergesellschaft erwartete, ebenso wie für den gemäßigten Konservativismus.

Ganz im Sinn der Vorstellung eines roten Fadens der Geschichte hatte die KPD schon 1933, als die Sozialfaschismusthese beim 13. Plenum des Exekutivkomitees der Komintern erstmals offiziell infrage gestellt wurde, inoffiziell die Parole »Nach Hitler – wir!« ausgegeben. Georgi Dimitroff, der 1935 zum neuen Komintern-Chef berufen worden war, ernannte den Faschismus in seiner bekannten Rede schließlich zum notwendigen Zwischenschritt auf dem Weg zu einer fortgeschrittenen Gesellschaftsordnung: Der Faschismus sei eine »Folge des Niederganges des kapitalistischen Systems« und würde ganz logisch und gesetzmäßig zu seiner eigenen »Zersetzung« beitragen.[42]

---

41 Jean Améry: Jenseits von Schuld und Sühne. Bewältigungsversuche eines Überwältigten [1966], 3. Aufl., Stuttgart 1997, 34.

42 Georgi Dimitroff: Die Offensive des Faschismus und die Aufgaben der Kom-

Mit dem Hissen der roten Fahne auf dem Reichstagsgebäude schien sich für die Freunde der Sowjetunion nicht nur die These vom vernünftigen Gang der Geschichte zu bestätigen. Durch den Kampf gegen den Nationalsozialismus, den hohen Blutzoll, den die Kommunisten im Widerstand gezahlt hatten, und die Einnahme Berlins durch die Rote Armee wurde zugleich die Erinnerung an die Stalinisierung, die Moskauer Prozesse und den deutsch-sowjetischen Nichtangriffspakt überlagert. Die Kommunistische Partei Frankreichs (KPF) erhielt aufgrund ihrer Wahrnehmung und Selbstdarstellung als »parti des fusiliés«, als »Partei der Erschossenen«, dementsprechend seit 1944 breite Unterstützung. Der Kommunistischen Partei Italiens (KPI) gelang infolge ihres Kampfs gegen den Faschismus und die deutschen Truppen der Aufstieg zu einer der einflussreichsten Kräfte des Landes. Und auch in Deutschland schlossen sich Intellektuelle wie Victor Klemperer, der Autor der ersten Studie über die Sprache des »Dritten Reichs« (*LTI – Lingua Tertii Imperii*), oder der Schriftsteller Peter Edel aufgrund des kommunistischen Widerstands gegen den Nationalsozialismus und des entbehrungsreichen Kampfs der Roten Armee der KPD bzw. der SED an.

Aufgrund seiner Verbindung des Vorgehens gegen den Nationalsozialismus mit dem linken Glauben an einen roten Faden der Geschichte bot das Konzept des Antifaschismus nach 1945 eine Orientierungssicherheit, die weit über die rückwirkende Identifikation mit dem Widerstand gegen die Nazis hinausging. So waren 1942 die ersten Nachrichten über die Vernichtung der europäischen Juden im Exil eingetroffen. Der ohnehin prekäre Glaube an einen vernünftigen Gang der Geschichte war schon mit dem Ersten Weltkrieg, später mit der proletarischen SA oder dem na-

munistischen Internationale [1935], in: VII. Kongress der Kommunistischen Internationale. Referate und Resolutionen, Berlin/Ost 1975.

tionalsozialistischen Arbeitskult in Mitleidenschaft geraten, der in Konkurrenz zur marxistischen Vorstellung von der Arbeit als Katalysator der individuellen wie gattungsgeschichtlichen Entwicklung getreten war. Spätestens durch Auschwitz wurde der Zusammenhang zwischen Geschichte und Vernunft jedoch aufgelöst: Warum der Holocaust eine notwendige Voraussetzung für eine Gesellschaft der Freien und Gleichen sein soll, lässt sich mit den Mitteln der Vernunft auch beim besten Willen nicht erklären.

Der Antifaschismus, der seine volle Wirkung erst nach 1945 entfaltete, verstellte den Blick auf Auschwitz und trug dazu bei, dass das Wissen über den Massenmord nur selten in ein Begreifen seiner historischen Dimensionen umschlug: Aufgrund seiner Einbindung in den Dualismus von Fortschritt und Reaktion bot er nur Platz für die Kategorie des »Kämpfens«, nicht aber für die Vernichtung, die allein um der Vernichtung willen erfolgt war; er bot Platz für diejenigen, die aufgrund ihrer Taten und Überzeugungen, nicht aber aufgrund ihrer durch die Nürnberger Rassegesetze bestimmten Zugehörigkeit verfolgt und ermordet worden waren.

Zugleich eröffnete das Konzept des Antifaschismus die Möglichkeit, die eigenen Ahnungen über die Auswirkungen des Massenmords auf das zukunftsfrohe Weltbild der Arbeiterbewegung zu verdrängen. Es schien der Geschichte jedem Dementi zum Trotz noch einmal Sinn zu verleihen. Die Opfer des Nationalsozialismus konnten geschichtsphilosophisch rationalisiert und in Sieger der Geschichte umgelogen werden. Der Antifaschismus gestattete es, mit anderen Worten, über das Ereignis hinwegzugehen, das die Begriffe »Geschichte«, »Fortschritt«, »Dialektik« wie kein zweites beschädigt hatte. Mit seiner Hilfe konnte an die Zeit vor 1933 angeknüpft und zur Tagesordnung, soll heißen: zur zukunftsfrohen Gegenüberstellung von Fortschritt und Reaktion, der Klassenkampfrhetorik der Zwanziger und den Faschismustheorien der Dreißiger, übergegangen werden.

Deutsche Besonderheiten

Obwohl der Antifaschismus in allen europäischen Ländern von linker Seite identitär besetzt war, hatte er nirgends eine so identitätsstiftende Bedeutung wie in den Nachfolgestaaten des »Dritten Reichs«. In keinem anderen Land war der Antifaschismus über Jahrzehnte hinweg der zentrale Dreh- und Angelpunkt des linken Selbstverständnisses.

In dieser Überdeterminierung setzte sich die Verschmelzung von Nation und Regime im Nationalsozialismus in einer verzerrten Weise fort: So hätten die Untaten der Nazizeit ohne die Beteiligung oder zumindest Duldung breiter Schichten der Bevölkerung nicht verübt werden können. Die Massenverbrechen des Nationalsozialismus waren, wie der Essayist Eike Geisel einmal erklärte, nicht nur »Verbrechen *an* Massen, sondern auch Verbrechen *von* Massen«.[43] »Wer in Deutschland vom Faschismus spricht,« so auch der Historiker Dan Diner, »kann von der involvierten deutschen Nation nicht schweigen. Nicht allein das Regime, die gesamte Nation ist mit Massenverbrechen affiziert.«[44]

Denn so heroisch der kommunistische, sozialistische und sozialdemokratische Widerstand gegen den Nationalsozialismus auch gewesen sein mag: Er war weder repräsentativ für die deutsche Bevölkerung noch für die Arbeiterbewegung. So gab es zwar Widerstandshandlungen einzelner Personen und Gruppen. Ein dem Widerstand in Italien, Jugoslawien oder Frankreich vergleichbares Phänomen – bewaffneter Widerstand von Massen (Jugoslawien)

---

43 Eike Geisel: Störenfriede der Erinnerung. Die jüdische Widerstandsgruppe Herbert Baum, in: ders.: Triumph des guten Willens. Gute Nazis und selbsternannte Opfer. Die Nationalisierung der Erinnerung, Berlin 1998, 48. Hervorhebung i. Orig.

44 Dan Diner: Der Krieg der Erinnerungen und die Ordnung der Welt, Berlin 1991, 48.

oder militanter Widerstand einer Minorität, mit dem sich nicht unerhebliche Teile der Bevölkerung identifizierten (Frankreich) – gab es in Deutschland jedoch nicht.

Schon dem Aufruf der KPD zum Generalstreik vom 30. Januar 1933, dem Tag der Ernennung Hitlers zum Reichskanzler, waren lediglich die Arbeiter der 4.000-Seelen-Gemeinde Mössingen auf der Schwäbischen Alb gefolgt. Die Gewerkschaften und die SPD verzichteten zunächst vollkommen auf den Aufruf zur kollektiven Arbeitsniederlegung – die Prager Exilführung der Partei proklamierte den Widerstand erst Ende Mai 1933. Der Historiker Eric Hobsbawm, der die Machtübertragung auf Hitler in Berlin erlebte, stellt in seiner Autobiographie dementsprechend die lakonische Vermutung an, dass selbst die KPD-Führung nicht daran geglaubt habe, dass jemand ihren Aufruf ernst nehmen werde. Er sei nur erfolgt, damit später niemand behaupten könne, die Partei habe noch nicht einmal eine Geste des Widerstands versucht.[45] DDR-Historiker, die sich seit den Sechzigern darum bemühten, die tatsächliche Dimension des Widerstands mit Zahlen zu quantifizieren, stießen, wie ein Beteiligter nach 1989 offenlegte, dementsprechend in der Regel nicht nur auf Unglauben, sondern auch auf die Empfehlung, derart Abträgliches besser nicht zu veröffentlichen.[46]

Vor dem Hintergrund der Verankerung des nationalsozialistischen Weltbilds in der deutschen Bevölkerung verschob sich die Hoffnung der emigrierten Linkskräfte mit zunehmender Dauer des Kriegs vom Widerstand in Deutschland, der in den Zeit-

---

45 Eric Hobsbawm: Gefährliche Zeiten. Ein Leben im 20. Jahrhundert, München, Wien 2003, 96.

46 Olaf Groehler: Antifaschismus – Vom Umgang mit einem Begriff, in: ders., Ulrich Herbert: Zweierlei Bewältigung. Vier Beiträge über den Umgang mit der NS-Vergangenheit in den beiden deutschen Staaten, Hamburg 1991, 37.

schriften, Memoranden und Appellen des Exils lange beschworen worden war, auf die Alliierten. Angesichts der Ignoranz, mit der die deutschen Arbeiter auf die Aufrufe zur Niederlegung der Waffen oder zum Aufstand gegen Hitler reagierten, verzweifelte in den Jahren nach 1941 selbst die Parteiführung der KPD, die immer wieder von der Widerständigkeit der Deutschen gesprochen hatte. In einer Rede vom 25. Juni 1945 konstatierte der spätere SED-Chef Walter Ulbricht exemplarisch, dass »die deutsche Arbeiterklasse und das schaffende Volk geschichtlich versagt« hätten.[47]

In der Zeit, in der Ulbricht diesen Satz formulierte, befand sich die KPD jedoch schon in einem ganz anderen Dilemma: In der Sowjetischen Besatzungszone sollte mit einer Bevölkerung, die zu einem nicht unerheblichen Teil zu den festen Stützen der Naziherrschaft gehört hatte, ein sozialistischer Staat aufgebaut werden. Hatte sich die Hoffnung der kommunistischen Emigranten und Lagerhäftlinge seit Stalingrad auf das Vorgehen der Roten Armee und, wenn auch in der Regel nachgeordnet, der amerikanischen und britischen Truppen reduziert, wurden die Deutschen nun retrospektiv wieder in die internationale Einheitsfront des Antifaschismus eingemeindet.

Dieses Vorgehen war nur möglich, weil das Konzept des Antifaschismus stets mehr als die bloße Gegnerschaft zum Nationalsozialismus beinhaltete: Aufgrund seiner Verknüpfung des Kampfs gegen den Nationalsozialismus mit dem Zukunftsoptimismus der Arbeiterbewegung war der Antifaschismus untrennbar mit deren Ökonomismus und ihrem Glauben an den fortschrittlichen Charakter »der Massen« verbunden. Georgi Dimitroffs Rede beim VII. Weltkongress der Komintern 1935, in der die Idee des Antifaschismus ihren zentralen programmatischen Ausdruck fand, hatte

47 Zit. n. Jeffrey Herf: Zweierlei Erinnerung. Die NS-Vergangenheit im geteilten Deutschland, Berlin 1998, 50.

dementsprechend zwei Voraussetzungen: Der Nationalsozialismus wurde erstens auf eine Diktatur einer kleinen Clique – der »reaktionärsten, am meisten chauvinistischen, am meisten imperialistischen Elemente des Finanzkapitals«[48] – über die restliche Bevölkerung reduziert; zweitens wurde, unmittelbar damit verbunden, die Massenbasis der Nazis ausgeblendet.

Die nachträgliche Eingemeindung der Deutschen in die Einheitsfront des Antifaschismus, die auf dieser Grundlage erfolgte, bot die Möglichkeit, den Widerspruch zwischen den Erfahrungen der deutschen Mehrheitsbevölkerung und dem Selbstverständnis der aus den Lagern befreiten oder dem Exil zurückgekehrten Linken zu kitten. Aus der unverhältnismäßig starken Betonung des deutschen Widerstands, der Reduktion des Nationalsozialismus und des Holocaust auf eine Folge des ökonomischen Interesses der deutschen Monopolbourgeoisie und der direkt damit verbundenen nachträglichen Entlastung der Bevölkerung ergab sich mit dem Bild des »anderen Deutschland« der zentrale Gründungsmythos der DDR. Durch die eindeutigen Schuldzuweisungen an die »300 deutschen Plutokraten« (Walter Ulbricht),[49] die das eigene Volk »missbraucht« bzw. »verführt« hätten, wurde die Zeit des Nationalsozialismus als eine Phase der Fremdherrschaft präsentiert, die gar nicht zur Vorgeschichte der DDR gehörte.

Die Wünsche großer Teile der Bevölkerung nach Entlastung und Entschuldung ergänzten sich hier fast idealtypisch mit den Versuchen der KPD und ihrer Nachfolgerpartei SED, die verheerende Niederlage von 1933 sowie die Enttäuschung über die Landsleute zu verdrängen und an den zukunftsfrohen Optimismus der Zwanziger anzuknüpfen. Die Sozialwissenschaftlerin Sigrid Meuschel stellte nach dem Ende der DDR dementsprechend die These auf,

48 Dimitroff: Die Offensive des Faschismus, 93.

49 Walter Ulbricht: Die Legende vom »deutschen Sozialismus«, Berlin 1945, 17.

dass der Antifaschismus auch für die Integration ansonsten eher systemferner Bürger eine besondere Rolle spielte. Zum Beweis und zur Begründung zitierte sie aus Christa Wolfs halbbiografischem Roman *Kindheitsmuster*: »Weil wir als sehr junge Menschen, aufgewachsen im Faschismus, erfüllt waren von Schuldgefühlen und denen dankbar waren, die uns da herausgeholt hatten.«[50]

Angesichts der Tatsache, dass der Antifaschismus der DDR ein Antifaschismus ohne Blick auf die Massenbasis des Nationalsozialismus war, bekommt dieser Satz eine zweite Bedeutung: Befreit wurden die Altersgenossen der 1929 geborenen Schriftstellerin, die Angehörigen der eigentlichen DDR-Aufbaugeneration, nicht nur vom Faschismus, sondern ganz offiziell auch von den erwähnten Schuldgefühlen.

Diese Mischung aus der Verdrängung von Schuld, der Präsentation eindeutig Verantwortlicher und der Vermeidung einer Debatte über die eigenen Handlungen in der Nazizeit machte die Anziehungskraft aus, die das antifaschistische Weltbild auch auf die westliche Linke ausübte. Denn auch wenn sich das Problem der Staatswerdung der Arbeiterbewegung in der Bundesrepublik und in Westberlin nicht stellte – und sich insbesondere das linkssozialistische Lager, dem bei der Herausbildung der Neuen Linken eine zentrale Rolle zukam, bis in die frühen Sechziger hinein vehement von Ostberlin distanzierte –, befand sich die Westlinke in einem ähnlichen Dilemma wie die SED: Sie bemühte sich darum, als Interessenvertretung einer Bevölkerung anzutreten, die wenige Jahre zuvor noch begeistert hinter ihren Blockwarten hergelaufen war.

Abgesehen von wenigen Ausnahmen aus dem linkssozialistischen Lager war die Linke dementsprechend bestrebt, die eigenen politischen Traditionen treuhänderisch und ungebrochen in die

---

50 Sigrid Meuschel: Legitimation und Parteiherrschaft. Zum Paradox von Stabilität und Revolution in der DDR 1945–1989, Frankfurt/M. 1992, 28 ff.

Nachkriegszeit hinüberzuretten.[51] So lesen sich die gewerkschaftlichen Debatten über betriebliche Mitbestimmung in der frühen Bundesrepublik wie die Fortführung der großen Sozialisierungsdiskussionen der Weimarer Republik. Das linkssozialistische Lager gab die Neuauflage der Auseinandersetzungen innerhalb der linken Kleinstparteien der Weimarer Zeit – der Sozialistischen Arbeiterpartei (SAP), des Internationalen Sozialistischen Kampfbunds (ISK) usw. –, zwischen Rosa Luxemburg und Wladimir Iljitsch Lenin, Georg Lukács und Karl Korsch. Und auch die Ende der Fünfziger, Anfang der Sechziger entstehende Neue Linke stellte die große Zeit der Arbeiterbewegung nach einer kurzen Phase, in der sie sich kritisch mit dem individuellen Verhalten ihrer Landsleute im »Dritten Reich« auseinandersetzte, bald auch optisch mit Kommissarslederjacken und Proletariermützen nach.

Die Überdeterminierung des Antifaschismus in den Nachfolgestaaten des »Dritten Reichs« war nicht zuletzt im virtuellen Charakter dieser Debatten und Traditionslinien angelegt. Zwar trug auch der Kult um die Résistance in Frankreich und die Resistenza in Italien zur Mythenbildung bei: Die französische Gesellschaft war, wie der Historiker Henry Rousso in seiner bahnbrechenden Studie *Le syndrome de Vichy* (Das Vichy-Syndrom) gezeigt hat, keineswegs eine Nation im Widerstand, wie es die Kommunisten, Sozialisten und Gaullisten übereinstimmend suggerierten. Auch die norditalienischen Partisaneneinheiten waren nicht unbedingt repräsentativ für die gesamte italienische Bevölkerung.

51 Darüber hinaus bemühten sich die Vertreter der Linken, von wenigen Ausnahmen abgesehen, auch darum, die soziale mit der nationalen Frage zu verbinden: Bis in die späten Fünfziger, teilweise sogar bis in die Sechziger hinein wurde von dieser Seite in unfreiwilliger Analogie zur SED eine vehemente Agitation für die deutsche Wiedervereinigung, gegen die westlichen Besatzungsmächte und späteren Nato-Partner der Bundesrepublik betrieben.

Angesichts der Tatsache, dass Nationalsozialismus, Krieg und Vernichtung von Deutschland ihren Ausgang genommen hatten, und angesichts der Verschmelzung von Regime und Nation im Nationalsozialismus traten die Realität der Zeit vor 1945 und der antifaschistische Mythos der Jahre nach 1945 allerdings in keinem anderen Land so weit auseinander wie in den Nachfolgestaaten des »Dritten Reichs«. Das heißt: Je weniger Anknüpfungspunkte das antifaschistische Weltbild in der Realität hatte, umso stärker musste es identitär besetzt werden.

Der Zukunft zugewandt

Seine zentrale Wirkung entfaltete der Antifaschismus der DDR jedoch aufgrund seiner Brückenfunktion zwischen Vergangenheit, Gegenwart und Zukunft. Diese Verbindung fand ihren wohl bedeutendsten Ausdruck in der Rede vom »antifaschistischen Schutzwall«, der offiziellen Bezeichnung der Berliner Mauer. Diese Propagandaformel steht symbolisch für die Gleichsetzung der Konflikte der Systemauseinandersetzung mit denen des Zweiten Weltkriegs. So wähnte sich die Deutsche Demokratische Republik in einer doppelten Frontstellung: Sie befand sich einerseits im Blockkonflikt mit der Bundesrepublik Deutschland und dem westlichen Bündnis, andererseits glaubte sie im ideologisch darüber verlängerten Zweiten Weltkrieg gegen »den Faschismus« zu kämpfen.

Mit der Gründung der DDR wurde die mehr imaginierte als reale Konfliktlinie aus der Zeit des Nationalsozialismus – Arbeiterklasse versus Bourgeoisie – an der deutsch-deutschen Grenze neu ausgerichtet und territorialisiert; die deutsche Geschichte wurde aufgespalten und in ihren antagonistisch erscheinenden Teilen in Ost und West verankert. So beschrieb sich die DDR als antifaschistische deutsche Nation, in der alle vermeintlich positiven Traditionen der deutschen Geschichte aufgegriffen worden seien. Die Bundesrepublik, die sich von ihrem Selbstbild her weniger in die Tradition des Widerstands als der Weimarer Republik setzte, erschien hingegen als Sachstandswahrer des »Dritten Reichs« bzw., wie eine beliebte Propagandaformel lautete, als »westdeutscher Staat der Kriegsverbrecher«.

Dank dieser Aufspaltung der deutschen Geschichte konnte der vergangene »Kampf gegen den Faschismus« nahtlos in Angriffe gegen die Bundesrepublik übergehen. Der antifaschistische Widerstand, der in der DDR regelmäßig beschworen wurde, hatte dabei immer weniger mit der Nazivergangenheit als mit dem Kalten Krieg zu tun. »›Widerstand‹ gegen Krieg und Faschismus«, so der Historiker Jeffrey Herf, »bedeutete jetzt die Ablehnung der westdeutschen Wiederbewaffnung; das Engagement im Kalten Krieg galt als Akt der Vergangenheitsbewältigung, und der Begriff ›Faschismus‹ bezog sich ebenso sehr auf die Bundesrepublik der fünfziger Jahre wie auf die NS-Vergangenheit.«[52] Albert Norden, der Verantwortliche des SED-Politbüros für Agitation und Propaganda, erklärte 1957 mit Blick auf das kurz zuvor erfolgte KPD-Verbot in der Bundesrepublik: »Hitlers Opfer sind Adenauers Opfer, und Hitlers Mordrichter sind heute Adenauers Richter.«[53]

Auch der große Gedenktag für die Opfer des Faschismus im September wurde alljährlich für die Propaganda des Kalten Kriegs, genauer: für den gegenwärtigen »Friedenskampf«, genutzt. Die Feiern sollten, wie 1950 exemplarisch für den weiteren Verlauf der DDR-Geschichte erklärt wurde, sowohl das »Vermächtnis der im Kampf gegen den Hitlerfaschismus grausam hingemordeten Millionen zum Bewusstsein bringen« als auch sicherstellen, dass dieser

52 Herf: Zweierlei Erinnerung, 212.
53 Zit. n. ebd., 218.

»in der Gegenwart im unbeugsamen, tatentschlossenen Friedenskampf« fortgeführt werde. All diejenigen, die sich zwischen 1933 und 1945 dem Faschismus entgegengestellt hätten, so wurde die Geschichte zurechtgebogen, seien »in erster Linie Kämpfer für den Frieden« gewesen.[54] Das »Dritte Reich« wurde damit den Anforderungen des Kalten Kriegs gemäß umgedeutet und auf eine kriegführende Macht reduziert.

Solche Warnungen vor einer Wiederkehr der Vergangenheit waren die eigentliche Legitimationsgrundlage der DDR. Der Arbeiter- und Bauernstaat rechtfertigte seine eigene Existenz stets weniger mit dem historischen Materialismus Marxscher Prägung als mit dem Antifaschismus. Erst das antifaschistische Weltbild lieferte das letztgültige Begründungsmuster für den Aufbau des Sozialismus zwischen Oder und Elbe: Um einen »neuen Faschismus«, hier analogisiert mit Militarismus, Imperialismus, Krieg und forcierter Ausbeutung, zu verhindern, so das Argument, müssten bestimmte gesellschaftliche Mindestbedingungen erfüllt sein.[55] Die Rede ist von der Entmachtung der sozialen, wirtschaftlichen und politischen Eliten oder wahlweise der »Großindustrie«, des »Junkertums«, des »Groß-« und »Finanzkapitals«.

Auf diese Vorstellungen, die in Bertolt Brechts Mahnung aus der *Kriegsfibel* von 1955 manifest werden, dass der »Schoß«, aus dem der Faschismus »kroch«, noch fruchtbar sei, griffen selbst diejenigen aus der Westlinken zurück, die der orthodox marxistisch-leninistischen Agententheorie (Faschismus als Agent des Finanzkapitals) kritisch gegenüberstanden.

Die Forderung nach einer Enteignung der Großbourgeoisie und der Träger der alten Ordnung, die sich aufgrund ihrer Kooperation

54 Zit. n. ebd., 196.
55 Vgl. hierzu Dan Diner: Antifaschistische Weltanschauung. Ein Nachruf, in: ders.: Kreisläufe. Nationalsozialismus und Gedächtnis, Berlin 1995.

mit den Nazis tatsächlich zu einem nicht unerheblichen Teil politisch und moralisch diskreditiert hatten, fand unmittelbar nach 1945 sogar bis weit ins bürgerliche Milieu hinein große Anerkennung. Auch die bekannte Kritik, die der Politikwissenschaftler Eberhard Schmidt 1970 an der »verhinderten Neuordnung« der westdeutschen Wirtschaft nach 1945 äußerte,[56] erhielt nicht nur dort Beifall, wo die Zerstörung der ökonomischen und sozialen Wurzeln des Faschismus mit der Errichtung des Sozialismus in eins gesetzt wurde. Sie wurde auch in linksliberalen und liberalen Kreisen zustimmend aufgegriffen.

Dennoch war die Kritik an der Verhinderung einer »Stunde Null« im kommunistischen und sozialistischen Milieu besonders stark ausgeprägt: Die KPD, ihre halboffizielle Nachfolgepartei DKP und auch die diversen maoistischen K-Gruppen der Siebziger begriffen die Bundesrepublik aufgrund der Nicht-Entmachtung der Monopolbourgeoisie ohnehin in Übereinstimmung mit der marxistisch-leninistischen Agententheorie als faschistisches Regime im Wartestand.

Aber auch die diversen Fraktionen des Linkssozialismus – vom Kreis um Wolfgang Abendroth über Fritz Lamms *Funken* bis hin zur Zeitschrift *Sozialistische Politik* –, die auf eine anspruchsvollere Erklärung des Nationalsozialismus zurückgriffen, kamen schon infolge der linken Niederlage im Kampf um die betriebliche Mitbestimmung 1954 und die Wiederbewaffnung 1955 zu einem Urteil, das die verschiedenen Gruppierungen der moskaukritischen Linken bis zum Ende der Achtziger einen sollte: Im Kampf um die gesellschaftliche Vorherrschaft in der unmittelbaren Nachkriegs-

56 Eberhard Schmidt: Die verhinderte Neuordnung 1945–1952. Zur Auseinandersetzung um die Demokratisierung der Wirtschaft in den westlichen Besatzungszonen und in der Bundesrepublik Deutschland, Frankfurt/M. 1970.

zeit, so fasst der Politikwissenschaftler Gregor Kritides dieses Urteil zusammen, hätte sich mit Hilfe der Alliierten das Großbürgertum im Bündnis mit kleinbürgerlichen Kräften durchgesetzt – eben »jene Koalition sozialer Kräfte, die bereits die soziale Basis des Faschismus gebildet« habe.[57] So unterschiedlich die jeweiligen Analysen in ihren einzelnen Ausprägungen und vor allem in den daraus abgeleiteten Konsequenzen auch waren: Damit hatte sich, so Kritides, der Faschismus in den Augen der diversen Fraktionen des Linkssozialismus zumindest »klassenanalytisch gesehen« wieder hergestellt, allerdings – und um den Stellenwert dieses »allerdings« wurden unzählige Debatten geführt – »im formaldemokratischen Rahmen mit einer klerikal gefärbten, antikommunistischen Integrationsideologie und auf Basis einer anziehenden Konjunktur«.[58]

Die DDR schnitt bei der Bekämpfung dieser »ökonomischen« und »politischen« Wurzeln des Nationalsozialismus weitaus besser ab als die Bundesrepublik. Hier war, wie es in einem regelmäßig wiederholten Fernsehmehrteiler des DDR-eigenen Deutschen Fernsehfunks von 1969 hieß, »Krupp« durch »Krause«, der Kanonenkönig durch einen einfachen Arbeiter, der vom Lehrling in Essen zum Generaldirektor des Magdeburger Ernst-Thälmann-Werks aufgestiegen war, ersetzt worden. (Die Filmfigur Fred Krause, bis 1945 parteiloser Hitlergegner, trat nach ihrer Übersiedlung nach Magdeburg ganz parabelhaft der Kommunistischen Partei bei, damit »die Krupps bei uns nie mehr die Macht erlangen können«.)

Filmische Hagiographien des KPD-Geschichtsbilds wie *Krupp und Krause*, die Kampagnen gegen Konrad Adenauers Staats-

---

57 Gregor Kritides: Linkssozialistische Opposition in der Ära Adenauer. Ein Beitrag zur Frühgeschichte der Bundesrepublik Deutschland, Hannover 2008, 227.

58 Ebd.

sekretär Hans Globke, den Kommentator der Nürnberger Rassegesetze, oder die Veröffentlichung des bekannten *Braunbuchs* über Kriegs- und Naziverbrecher in der Bundesrepublik 1965 hatten zweifellos propagandistischen Charakter. Sie dienten dazu, die Existenz der Bundesrepublik zu delegitimieren und die eigene Staatlichkeit im Gegenzug als einzig wahrhafte Konsequenz aus den vielbemühten »Lehren der Geschichte« zu präsentieren: Nachdem SED-Propagandachef Albert Norden 1957 bei einer Pressekonferenz die Dokumentation *Gestern Hitlers Blutrichter, heute Bonner Justiz-Elite* vorstellte, in der 118 Richter und Staatsanwälte aus der Nazizeit genannt wurden, die ihren Beruf in der Bundesrepublik weiterhin ausüben konnten, konterte der Westberliner Untersuchungsausschuss Freiheitlicher Juristen dementsprechend im folgenden Jahr. Er veröffentlichte die erste von fünf Broschüren mit dem Titel *Ehemalige Nationalsozialisten in Pankows Diensten*, in der dutzende NSDAP-Mitglieder aufgeführt wurden, die wichtige Positionen in der DDR innehatten. Weder ihre Tätigkeiten im »Dritten Reich« noch ihre Funktionen in der SED entsprachen allerdings den Karrieren, die von der DDR in ihren Publikationen über Kriegs- und Naziverbrecher in der Bundesrepublik aufgedeckt werden konnten.

Da sowohl die in Ostberlin formulierten Vorwürfe an die Bundesrepublik als auch die Verweise auf die eigene Entnazifizierungspolitik eine größere empirische Basis besaßen als die entsprechenden Nachforschungen von westlicher Seite, konnten sie eine mehr als propagandistische Wirkung entfalten.[59] Auch die Tatsache,

---

59 Zur Relativierung sei angemerkt, dass, im Verhältnis zur Gesamtbevölkerung, in der DDR genauso viele Personen verurteilt wurden wie in der Bundesrepublik. (vgl. Herf: Zweierlei Erinnerung, 398) Dafür lebten in der Bundesrepublik wiederum weitaus mehr stark durch den Nationalsozialismus Belastete als in der DDR.

dass fast alle Spitzenfunktionäre der SED Gegner der Nazis gewesen und nicht wenige von ihnen verfolgt worden waren, verlieh dem Antifaschismus der DDR eine gewisse Glaubwürdigkeit. Aufgrund der weitgehenden Säuberung des öffentlichen Lebens von früheren Nationalsozialisten – wenn auch mit erheblichen Ausnahmen wie der Ärzteschaft und dem Militär –, vor allem aber aufgrund der viel zitierten Ablösung von »Krupp« durch »Krause« schien die DDR, wie die Publizistin Cora Stephan kurz nach dem Fall der Mauer schrieb, im Hinblick auf eine Wiederkehr des Vergangenen »über jeden Verdacht erhaben – nicht aber der kapitalistische Westen«.[60]

Die untergründige Anziehungskraft, die der Arbeiter- und Bauernstaat auch auf die SED-kritische Westlinke ausübte, basierte auf dieser unterstellten Prädisposition der Bundesrepublik für einen neuen Faschismus. Der Schriftsteller Chaim Noll hat ausgeführt, dass die Begeisterung, die der DDR-Literatur seit den frühen Siebzigern in der Bundesrepublik entgegengebracht wurde, vor allem auf dem Antifaschismus basierte, auf den sich Autoren wie Stephan Hermlin, Christa Wolf oder Hermann Kant in ihren Werken beriefen: »Wer will, kann in den Archiven studieren, wie die Zauberworte ›Antifaschismus‹ und ›Vergangenheitsbewältigung‹ durch die Rezensionen, später durch die akademische Sekundärliteratur geistern. Insgesamt wurden die Bücher von Hermlin, Christa Wolf, Kant und anderen in Tausenden rezipierten Texten westdeutscher Autoren weniger literarisch betrachtet als beharrlich unter diesem Aspekt.«[61]

Die entsprechenden Vorstellungen ermöglichten es der Westlinken nicht nur, den eigenen Kampf für betriebliche Mitbe-

60 Cora Stephan: Vorwort, in: dies. (Hg.): Wir Kollaborateure, 25.
61 Chaim Noll: Treue um Treue. Linke Gefühlslagen und die literarische Beschwörung der besseren DDR, in: ebd., 95.

stimmung, gegen Wiederbewaffnung, Notstandsgesetze, Berufsverbote und Volkszählung unter dem moralisch hochgradig aufgeladenen Markenzeichen des antifaschistischen Kampfs, quasi als nachholenden Widerstand gegen den Nationalsozialismus zu führen – ein Vorgehen, dessen psychischer Gewinn kaum überschätzt werden kann. Betrachtet durch die Faschismusschablone erschien die DDR zudem trotz aller Kritik als die Verkörperung jenes »anderen«, das heißt: »besseren« Deutschlands, das schon in der Zeit des Exils immer wieder beschworen worden und mangels Resonanz bei den Bewohnern des »Dritten Reichs« nur durch die Emigranten selbst verkörpert worden war.[62]

Angesichts der – mehr geahnten als reflektierten – Monstrosität der deutschen Verbrechen entfaltete diese Schablone eine Wirkungsmacht, die andere Maßstäbe, die von linker Seite im internationalen Rahmen zumindest theoretisch angelegt wurden, im deutsch-deutschen Kontext in den Hintergrund treten ließ. Bei aller Kritik am »Verrat am Sozialismus«, der den Machthabern in Ostberlin von Westlinken immer wieder vorgeworfen wurde, erschien die DDR im Unterschied zur Bundesrepublik zumindest als Hort des Antifaschismus.

Aufgrund dieser moralischen Aufladung des Arbeiter- und Bauernstaats konnte das linke Selbstverständnis, wie Dan Diner Anfang der Neunziger formulierte, vom Untergang der DDR nicht unbeschadet bleiben: »Es scheint, als gehe vom verfallenen Gesellschaftskörper der DDR und seiner historischen Rechtfertigung – dem Antifaschismus – ein Leichengift aus, das all jene affiziert, die – wie idiosynkratisch auch immer – sich jenem Legitimationszusammenhang zuordneten.«[63]

---

62 Vgl. Jan Gerber, Anja Worm: Die Legende vom »anderen Deutschland«. Vorwort, in: Curt Geyer, Walter Loeb u. a.: Fight for Freedom. Die Legende vom »anderen Deutschland«, Freiburg/Br. 2009.

63 Diner: Antifaschistische Weltanschauung, 80 f.

Der Zusammenbruch des staatlich inkarnierten Antifaschismus wirkte umso einschneidender, als seine ohnehin brüchigen Begründungsmuster schon seit den Siebzigern immer weniger griffen: In der DDR zog sich die Generation der antifaschistischen Widerstandskämpfer langsam von der politischen Bühne zurück, in die zweite Reihe der SED-Nomenklatura rückte mit Personen wie Egon Krenz oder Eberhard Aurich die Generation der Spät- oder Nachgeborenen. Im Westen traten die alten Nazis in den Ruhestand.

Darüber hinaus hatte in der Bundesrepublik seit den Sechzigern eine gewisse Liberalisierung stattgefunden, die sich außenpolitisch in der Annäherung an Polen und die DDR niederschlug. Je poröser die Begründungsmuster des Antifaschismus wurden, umso intensiver musste sich daran festgeklammert werden. Dieses Vorgehen war nach dem Zusammenbruch des Honecker-Regimes jedoch nicht mehr ohne weiteres möglich. Der Antifaschismus offenbarte auch für viele derjenigen, die sich bis zum Ende der DDR positiv auf ihn bezogen hatten, seinen ideologischen Charakter. Mit dem Untergang des Arbeiter- und Bauernstaats verlor auch seine zentrale Legitimationsgrundlage ihre Ausstrahlungskraft.

Kapitel III

Antiimperialismus: An der Seite der Völker

Antikoloniale Kämpfe

Auf dem Vietnamkongress im Februar 1968 in Westberlin beschrieb der iranische Intellektuelle Bahman Nirumand, dessen Buch über das persische Schahregime großen Einfluss auf die Studentenbewegung der Sechziger ausüben konnte,[64] in einprägsamen Worten das Koordinatensystem der damaligen Proteste: Von der Ersten, Zweiten und Dritten Welt, so Nirumand in seinem seinerzeit viel beachteten Referat, sollte nicht nur im ökonomischen und politischen, sondern auch im historischen Sinn, im Sinn der »Geschichte des Menschen«, gesprochen werden.

Diese Geschichte habe ihren Ursprung in China, in Ägypten und in Mexiko – in der Welt also, »die der Imperialismus heute die dritte nennt«. Die zweite Phase der Geschichte habe in Athen begonnen und ende in Washington. Inzwischen, so lautete die euphorische Zentralaussage Nirumands, stehe die Menschheit am Übergang zur Dritten Welt, »zur Welt des neuen Menschen, mit der die Vorgeschichte des Menschen, seine Unterdrückung und Zerstückelung beendet sein« werde: »Die erste Welt, als die der Imperialismus sich begreift, wird die letzte Welt der Despoten und Tyrannen sein; die dritte Welt aber, die der Imperialismus, jetzt

64 Bahman Nirumand: Persien, Modell eines Entwicklungslandes oder Die Diktatur der Freien Welt, Reinbek b. H. 1967.

schon mit dem Rücken zur Wand, zerschlagen will, wird die erste Welt des Menschen sein.«[65]

Nach diesem geschichtsphilosophischen Muster eines Kampfs zwischen imperialistischer Erster und antiimperialistischer Dritter Welt deutete der Großteil der Linken über Jahrzehnte hinweg sämtliche weltpolitischen Ereignisse. Das antiimperialistische Weltbild fungierte sowohl als internationaler Orientierungsrahmen wie auch als ideologische Basis für die Bewertung des Weltgeschehens. Mit den Ereignissen von 1989 bis 1991 zerfiel diese ohnehin stets nur begrenzt realitätstaugliche Schablone. Sie zerbrach ausgerechnet mit dem Teil der politischen Hemisphäre, der weder bei Nirumand noch bei den Antiimperialisten der RAF, den Autonomen und weiten Teilen der undogmatischen Linken je besondere Erwähnung fand: der Zweiten Welt des Ostblocks.

Diese Aussage über den Zusammenhang zwischen dem Untergang der Zweiten und dem Verschwinden der geschichtsphilosophischen Vorstellung einer um allgemeine Befreiung kämpfenden Dritten Welt mag auf den ersten Blick verwundern. Denn die Idee der Dritten Welt, der Kern des modernen Antiimperialismus, hatte sich zunächst gegen ihre Einordnung in den Dualismus von Ost und West gesperrt: In der Konferenz von Bandung, der ersten politischen Manifestation der Dritten Welt – damals noch nicht als Synonym für wirtschaftlich unterentwickelte Staaten gebraucht –, wurde 1955 der Wille laut, sich jenseits der Fronten des Kalten Kriegs zu positionieren.

Auch die Rede von der Dritten Welt selbst hatte anfangs nur wenig mit dem Ost-West-Konflikt zu tun. So hatte die Dekolonisierung, auf die sich die Parole von der trikontinentalen Befreiung

65 Bahman Nirumand: [Referat], in: Wolfgang Dreßen u. a. (Hgg.): Internationaler Vietnamkongress Februar 1968 in Berlin. Redebeiträge und Erklärungen. Nachdruck der Originaldokumentation, Berlin 1998, 62.

zunächst bezog, ihren Ursprung nicht im Kalten Krieg, sondern, ebenso wie der Kalte Krieg selbst, im Zweiten Weltkrieg. Die Dekolonisierung setzte zeitlich parallel, aber in weitgehender historischer Distanz zum Kalten Krieg ein. In ihr setzte sich der spätestens seit den Zwanzigern schwelende Konflikt der alten Kolonialmächte mit den Unabhängigkeitsbewegungen in ihren überseeischen Besitzungen fort.

Der Beginn der Dekolonisierung fiel zeitlich mit dem Ende der Kampfhandlungen des Zweiten Weltkriegs zusammen: Am 8. Mai 1945 massakrierten französische Truppen im algerischen Sétif tausende Demonstranten, die angesichts der Feiern zum Tag der bedingungslosen Kapitulation des »Dritten Reichs« zugleich für die Unabhängigkeit des Landes demonstrierten.[66] Damit schufen sie das Fanal, auf das sich der Front de Libération Nationale (FLN), die Nationale Befreiungsfront Algeriens, im Unabhängigkeitskrieg 1954 bis 1962 immer wieder berief. Im September 1945, nur kurz nach der Kapitulation der japanischen Besatzungsmacht, rief Ho Chi Minh die Unabhängigkeit Vietnams aus. Und auf den Philippinen setzten Partisanen, die nach dem Abzug der amerikanischen Truppen 1942 drei Jahre lang Widerstand gegen die japanische Armee geleistet hatten, ihren Kampf bis zum 4. Juli 1946, dem Unabhängigkeitstag der USA wie auch der Philippinen, gegen die alte und neue Kolonialmacht, die Vereinigten Staaten, fort.

Dieses historische Zusammentreffen war kein Zufall: Denn durch den Zweiten Weltkrieg war nicht nur die bisherige internationale Ordnung unwiederbringlich zerstört worden. Aufgrund seiner globalen Dimension hatte der Krieg von den Unabhängigkeitsbewegungen zugleich eine Positionierung an der Seite der Alliierten oder der Achsenmächte gefordert. Die Befreiungsbewe-

66 Vgl. Dan Diner: Gegenläufige Gedächtnisse. Über Geltung und Wirkung des Holocaust, Göttingen 2007, 64ff.

gungen spalteten sich nicht selten an dieser Frage in unterschiedliche Fraktionen. Bewohner der Kolonien kämpften an fast allen Fronten des Zweiten Weltkriegs mit. Gerade für Frankreich, dessen Algerienkrieg wenig später zum Initiationsereignis für das antikoloniale Engagement der westlichen Linken wurde, entwickelten sie sich, bisher kaum beachtet, zu einer der tragenden Säulen bei der Befreiung des Landes.

Das Pathos des Universalismus und der Freien Welt, das insbesondere von den Westalliierten gegen die Achsenmächte ins Feld geführt worden war, hatte enorme Auswirkungen auf die Bewegungen in den Kolonien. So sind die Kriege in Vietnam 1955 bis 1975 oder Algerien 1954 bis 1962 nur vor dem Hintergrund der zunächst geschürten und nach dem Zweiten Weltkrieg enttäuschten Hoffnungen auf nationale Unabhängigkeit zu verstehen.

Insbesondere in Algerien, auf das sich das Manifest des trikontinentalen Befreiungskampfs, Frantz Fanons berühmte Schrift über die *Verdammten dieser Erde* von 1961, in erster Linie bezog, wurde das antikoloniale Aufbegehren sogar als konsequente Fortführung des antifaschistischen Widerstands begriffen: Fanon selbst hatte bereits in der französischen Armee gegen die Nazis gekämpft. Mohammed Larbi Ben M'Hidi, einer der militärischen Führer des FLN, soll vor seiner Ermordung durch den französischen Geheimdienst sogar den »Chant des partisans«, die Hymne der französischen Résistance, angestimmt haben.[67] Angesichts der vehementen Unterdrückung der trikontinentalen Unabhängigkeitsbestrebungen durch Mächte der vormaligen Anti-Hitler-Koalition und der Tatsache, dass, wie im Fall Algerien, ehemalige Résistance-Kämpfer mitverantwortlich für Folter und Krieg gegen die Zivilbevölkerung waren, schien das universalistische Pathos,

---

67 Vgl. ebd., 83.

wie es etwa in der im August 1941 von Großbritannien und den Vereinigten Staaten verabschiedeten Atlantik-Charta zum Ausdruck kommt, seinen partikularen Charakter zu offenbaren.

Aber nicht nur die früheren Westmächte, sondern auch die Sowjetunion, ihre Satellitenstaaten und die westlichen Bruderparteien der KPdSU entfielen zunächst als Bündnispartner der Befreiungsbewegungen in der Dritten Welt: Sie ignorierten den antikolonialen Kampf in den ersten Jahren nicht nur. Gerade die Kommunistische Partei Frankreichs, neben der italienischen KP die größte moskautreue Organisation Westeuropas, stellte sich sogar explizit gegen das Aufbegehren der Algerier.

In dieser zweifachen Frontstellung – sowohl gegen die Ideologie des Freien Westens als auch gegen die Vertreter und Propagandisten des Realsozialismus – trafen sich die antikolonialen Bewegungen mit einem Teil der europäischen Linken. Dieses Zusammengehen stand im unmittelbaren Zusammenhang mit dem Vorgehen der Sowjetunion im frühen Kalten Krieg. Zwar war das Land der Oktoberrevolution durch seinen antifaschistischen Kampf seit 1941 auch im Ansehen vieler seiner linken Kritiker wieder gestiegen. Die Erinnerung an den opferreichen Vormarsch der Roten Armee wurde jedoch bald durch jüngere Ereignisse überlagert. Denn spätestens während des 1950 begonnenen Koreakriegs, jener militärischen Auseinandersetzung des frühen Blockkonflikts, die für Europa befürchtet worden war, agierte die Sowjetunion weniger als viel besungenes Vaterland der Werktätigen oder als Heimstatt der Weltrevolution, sondern als Hegemonialmacht des Kalten Kriegs. Durch die Niederschlagung des Ungarnaufstands 1956 offenbarte sie schließlich einmal mehr ihren despotischen Charakter.

Die Empörung über das Eingreifen der Roten Armee in Ungarn wurde noch dadurch verstärkt, dass Nikita Chruschtschow, der neue starke Mann in Moskau, beim XX. Parteitag der KPdSU ein halbes Jahr zuvor offen über die Verbrechen Stalins gesprochen hatte. Damit hatte er enorme Hoffnungen auf demokratische Reformen im Ostblock geweckt, die durch die sowjetischen Panzer in Budapest, Debrecen, Miskolc usw. sogleich wieder zutiefst enttäuscht wurden.

In dem Maß, in dem Moskau seine im Kampf gegen den Nationalsozialismus gewonnenen Bonuspunkte durch das Vorgehen im eigenen Machtbereich aufs Spiel setzte, begaben sich weite Teile der europäischen Linken auf die Suche nach einem neuen Objekt der Begierde. Die Abkehr zahlreicher Vertreter der kritischen Intelligenz von den Kommunistischen Parteien Frankreichs, Italiens und Großbritanniens, die Entstehung einer europäischen Neuen Linken und die damit verbundene Zuwendung zu den »unterdrückten Völkern des Trikont« fielen zeitlich nicht zufällig mit der Niederschlagung des Ungarnaufstands 1956 zusammen. Die Frage der Dekolonisierung war eng mit der Reorganisation der französischen Linken zur Nouvelle Gauche, der britischen und amerikanischen zur New Left und der deutschen zur Neuen Linken verbunden: »Ohne die antikolonialen Befreiungsbewegungen«, so ein Beobachter, »hätte es keinen antiautoritären Protest in den Metropolen gegeben.«[68]

Zum Verdruss über die Sowjetunion gesellte sich eine weitere Enttäuschung, von der die Orientierung eines nicht unerheblichen Teils der Linken auf die Dekolonisierung beeinflusst wurde. So hatte das Zusammenspiel von Vollbeschäftigung, Sozialstaat und Massenkonsum das Leben der Arbeiterklasse, auf die der Großteil der Linken bis dahin fixiert war, seit den Fünfzigern deutlich verändert. Angesichts des Wirtschaftsbooms verschwammen die Grenzen zwischen Facharbeiterschaft und Mittelstand. »You never

68 Detlev Claussen: Zwischen allen Stühlen, in: ders.: Mit steinernem Herzen. Politische Essays 1968–1989, [Bremen] 1989, 194.

had it so good«, dieser Wahlkampfslogan des britischen Premierministers Harold Macmillan aus den späten Fünfzigern dürfte der Wahrnehmung zahlloser westeuropäischer Arbeiter entsprochen haben.[69]

Der neue Wohlstand – von den verbesserten Bildungschancen über die bisher ungeahnten Konsummöglichkeiten bis hin zum Massentourismus – zog das Proletariat weit mehr in den Bann als die Agitation für die Weltrevolution. Je unwahrscheinlicher revolutionäre Umstürze in den Metropolen wurden, umso verzweifelter verlagerte die Linke ihre Sehnsüchte in andere Gegenden des Erdballs. Durch Bezugnahme auf die »geborgte Realität« (Oskar Negt) in der Peripherie schien die eigene Erfolglosigkeit kompensiert werden zu können. Die Solidarität mit den nationalen Befreiungsbewegungen trug schon in den Fünfzigern zur inneren Stabilisierung der vollkommen einflusslosen linkssozialistischen, rätekommunistischen und trotzkistischen Zusammenschlüsse in der Bundesrepublik und in Westberlin bei.[70] Algerien und der dortige revolutionäre Prozess, so kommentierte ein Aktivist der westdeutschen Algeriensolidarität sein damaliges Engagement in einem Rückblick, »waren für uns wichtige Fragen, die ganz im Zentrum standen«: »Mit ’ner Orientierung nur auf die Kämpfe hier in der BRD wäre das sehr schwierig gewesen, besonders zwischen 57/58 und 60/61. Da war ja wirklich nichts los hier.«[71] Der Trikont wurde von linker Seite dementsprechend ganz im Sinn des französischen Sozialwissenschaftlers Alfred Sauvy, auf dessen bekannten Artikel »Tri mondes, une planète« (Drei Welten, ein Planet; 1952) die Rede von der Dritten Welt zurückgeht,[72] als ima-

69 Hobsbawm: Das Zeitalter der Extreme, 325.
70 Kritides: Linkssozialistische Opposition, 471.
71 Zit. n. Claus Leggewie: Kofferträger. Das Algerien-Projekt der Linken im Adenauer-Deutschland, Berlin 1984, 123.
72 Alfred Sauvy: Tri mondes, une planète, in: L’Observateur, 14.8.1952.

ginierter Statthalter des Dritten Standes, des sozioökonomischen Trägers der Französischen Revolution, wahrgenommen.

Doch obwohl die Hinwendung zu den antikolonialen Kämpfen als ideologische Gegenbewegung zur Abkehr vom Realsozialismus stattfand, verschaffte sich die Existenz der Sowjetunion im Prinzip der Dritten Welt über zwei Umwege Geltung. Tatsächlich war die Orientierung, die weite Teile der Linken seit den Fünfzigern auf die nationalen Befreiungsbewegungen im Trikont vollzogen, eine jener Wiederholungen von Geschichte, von denen Marx in seiner berühmten Vorrede zum *Achtzehnten Brumaire des Louis Bonaparte* von 1852 spricht: »Hegel bemerkt irgendwo, dass alle großen weltgeschichtlichen Tatsachen und Personen sich sozusagen zweimal ereignen. Er hat vergessen hinzuzufügen: das eine Mal als Tragödie, das andere Mal als Farce.«[73]

So hatten die Arbeiter die revolutionären Hoffnungen, die noch die Gründungsväter des Marxismus in sie gesetzt hatten, schon einmal enttäuscht. Spätestens im August 1914 hatte das europäische Proletariat eine der emphatischsten Passagen des *Kommunistischen Manifests*, den Satz »Die Arbeiter haben kein Vaterland!«, dementiert: Französische Sozialisten reihten sich in die Schlangen vor den Mobilisierungsbüros der französischen Armee ein; Georgi Plechanow, der politische Ziehvater Lenins, appellierte an die russische Arbeiterklasse, ihr Vaterland zu verteidigen. Die Reichstagsfraktion der SPD stimmte geschlossen für die Kriegskredite. Damit folgte sie dem Vorbild ihres Großen Vorsitzenden August Bebel, der schon 1898 erklärt hatte, dass er gegen Russland selbst die »Flinte auf den Buckel« nehmen würde.[74] Die 1889 als staatenübergreifender Kampfbund der Arbeiterbewegung gegründete

73 Karl Marx: Der achtzehnte Brumaire des Louis Bonaparte [1852], in: MEW. Bd. 8, Berlin/Ost 1963, 115.

74 Curt Geyer: Macht und Masse. Von Bismarck zu Hitler, Hannover 1948, 43.

Zweite Internationale, die noch zwei Jahre vor Kriegsausbruch pathetisch verkündet hatte, dass sie alles aufbieten werde, um eine militärische Auseinandersetzung zu verhindern und – falls dies nicht möglich sei – die Krise zum revolutionären Ausbruch zu nutzen, zerbrach.

Die wenigen Kriegsgegner bemühten sich in der Folge um die Beantwortung der Frage, warum die bürgerliche Gesellschaft bislang nicht, wie von den Theoretikern der Zweiten Internationale immer wieder vorausgesagt, zusammengebrochen war. Ihre Erklärung lautete, dass der Kapitalismus in eine neue Phase, die Phase des Imperialismus, getreten sei. Der Imperialismus, der die Epoche des Freihandels seit dem letzten Jahrzehnt des 19. Jahrhunderts beendet habe, so Rosa Luxemburg, sei die »geschichtliche Methode der Existenzverlängerung des Kapitals«, zugleich aber auch das »sicherste Mittel, dessen Existenz auf kürzestem Wege objektiv ein Ziel zu setzen«.[75]

Von all den Imperialismustheorien, mit denen die neue Entwicklung erklärt werden sollte, war die Analyse Lenins diejenige, die den größten Einfluss auf die Arbeiterbewegung und die Linke ausüben konnte. Hierfür war nicht nur ihre Kanonisierung in der Komintern und im sowjetischen Machtbereich ursächlich. Die Faszination, die von ihr ausging, dürfte zugleich darin begründet gewesen sein, dass sie im Unterschied zur Marxschen Kritik der politischen Ökonomie auf der Erscheinungsebene verharrte.

Damit kam sie der Alltagswahrnehmung deutlich entgegen: Marxens Materialismus wird von Lenin – und mehr noch in den »Volksausgaben«, »Hinführungen« und »Schulungsheften«, in denen das Leninsche Denken noch einmal verkürzt wiedergegeben wird – auf die Aussage »Es geht ums große Geld« reduziert;

75 Rosa Luxemburg: Die Akkumulation des Kapitals. Ein Beitrag zur ökonomischen Erklärung des Kapitalismus, Berlin 1913, 423.

Marxens Herrschafts- und Staatskritik mutiert in Lenins Imperialismusschriften zur Kritik von »Fremdherrschaft«; und wirtschaftliche Vorgänge werden tendenziell als Folge des Handelns bestimmter Personen und Personengruppen begriffen, die scheinbar keinen gesellschaftlichen Zwängen ausgesetzt sind. Der historische Prozess degeneriert so, wie der Politikwissenschaftler Eike Hennig einmal mit Blick auf die marxistisch-leninistische Faschismusanalyse bemerkte, zur Tat großer Männer, »diesmal keine Könige und Feldherren, sondern eben ›Kapitalisten‹«.[76]

---

76 Eike Hennig: Industrie und Faschismus. Anmerkungen zur sowjetmarxistischen Interpretation, in: NPL 15/1970, 438. Die Leninsche Schrift *Der Imperialismus als höchstes Stadium des Kapitalismus* von 1916 (Wladimir Iljitsch Lenin: Werke. Bd. 22, Berlin/Ost 1977) basiert auf der Analyseebene auf den folgenden drei Grundaussagen: Erstens verschmelzen Bankkapital und Industriekapital zum Finanzkapital; eine Finanzoligarchie – mit den Worten Lenins: ein »Häuflein Monopolisten« (ebd., 214), »ein paar Hundert Finanzkönige« (ebd., 225) – übt die Herrschaft aus. Zweitens zieht die Herausbildung des Finanzkapitals eine ungeheure Anhäufung von Geldkapital in wenigen Ländern nach sich. Das Finanzkapital ist daher bestrebt, »möglichst viele Ländereien an sich zu reißen, gleichviel welche, gleichviel wo, gleichviel wie, nur auf mögliche Rohstoffquellen« und Investitionsmöglichkeiten für ihren Kapitalüberschuss hinzielend, »aus Angst, in dem tollen Kampf um die letzten Brocken der unverteilten Welt oder bei der Neuverteilung der bereits verteilten Stücke zu kurz zu kommen«. (ebd., 266) Diese Entwicklung schlägt sich, drittens, in folgender weltpolitischer Konstellation nieder: Eine »ungeheure Mehrheit von Schuldnerstaaten« (ebd., 282) steht »ein[em] Häuflein Wucherstaaten« (ebd.) gegenüber. In diesen Staaten lebe eine parasitäre »Schicht der Rentner« (gemeint sind Rentiers), deren »Beruf der Müßiggang ist«, in »völlige[r] Isolierung [...] von der Produktion« allein vom »Kuponschneiden« von Spekulationen und anderen »Finanzmachenschaften«. (ebd., 281) Zwar wies Lenin gelegentlich darauf hin, dass »die Kapitalisten« die Welt »nicht etwa aus besonderer Boshaftigkeit« unter sich aufteilen, »sondern weil die erreichte Stufe der Konzentration sie zwingt, diesen Weg zu beschreiten, um Profite zu erzielen«. (ebd., 257) Mit seinen personalisierenden Einwürfen gegen »Kuponschneider«, »Parasitismus« und Rentiers, »deren Beruf der Müßiggang ist«, relativierte er diese Erkenntnis jedoch immer wieder.

Lenins Imperialismusanalyse bot jedoch zugleich – und das dürfte ein weiterer Grund für ihren Erfolg gewesen sein – eine Handlungsoption an. So waren die Bolschewiki zu der Auffassung gelangt, dass das Kapital seine Kraft in der Hauptsache aus den Kolonialbesitzungen schöpfe. Die logische Schlussfolgerung lautete, dass der Kapitalismus in diesen Kolonien und Halbkolonien auch besonders effektiv geschwächt werden könne.

Während Marx die Existenz einer bürgerlichen Gesellschaft und einer entwickelten Industriearbeiterschaft als Voraussetzung für den Übergang zum Kommunismus begriff, ernannte Lenin plötzlich die »unterdrückten Völker« zum zweiten revolutionären Subjekt. Die »doppelt Unterdrückten« in der Peripherie seien nicht nur viel eher dazu in der Lage, ein revolutionäres Bewusstsein auszubilden als die teilweise bereits korrumpierte Arbeiterschaft in den Industrienationen. Auch die Staatsmaschinerie sei in diesen Ländern noch nicht so gefestigt wie in den imperialistischen Staaten. Aus diesem Grund, so die Schlussfolgerung, könne sie in den Kolonien besser angegriffen werden als in den Metropolen. Auf die bürgerlichen Revolutionen müsse also, wie Lenin weiterargumentierte, nicht mehr gewartet werden. Die nationalen Befreiungsbewegungen und die proletarischen Revolutionen würden vielmehr in einem Strom zusammenfließen. »Proletarier aller Länder und unterdrückte Völker vereinigt euch!« – so lautete dementsprechend die Losung des zweiten Weltkongresses der Komintern 1920 in Moskau.

Mit der Oktoberrevolution schienen die Bolschewiki den empirischen Beweis für die Richtigkeit der Leninschen Imperialismustheorie zu liefern. So war die Revolution nicht, wie von Marx und Engels prognostiziert, in den kapitalistischen Zentren ausgebrochen, sondern am »schwächsten Glied« der kapitalistischen Kette, in einem Land, in dem teilweise noch feudale Verhältnisse herrschten. In ihren Schriften aus den Zwanzigern konnten sich die verschiedenen Gliederungen der Komintern dementsprechend nur selten wirklich entscheiden: War der revolutionäre Prozess zwischen der Februarrevolution 1917 und der Beendigung des Kriegskommunismus 1921 ein proletarischer Kampf oder der Kampf eines unterdrückten Volks?[77]

Sie lösten dieses analytische Dilemma mit der Formel der »Dialektik von nationaler und sozialer Befreiung«, auf die sich auch die Bewegungen in der Dritten Welt seit den Fünfzigern immer wieder aus gutem Grund berufen sollten. So war die Entstehung der Sowjetunion die Urszene jenes Ineinanders von sozialer Reform und der Befreiung des heimatlichen Territoriums von »fremder Herrschaft«, die auch die Bewegungen im Trikont anstrebten. Die Kombination der russischen Februarrevolution, des Oktoberumsturzes und des Siegs über die französischen, britischen, amerikanischen usw. Interventionstruppen lieferte die Blaupause für die späteren Erhebungen in der Dritten Welt.

Auch wenn sich die einschlägigen Bewegungen in Asien, Afrika und Lateinamerika nicht immer explizit an der Sowjetunion orientierten, war der Kampf der Bolschewiki nicht nur der Beweis dafür, dass in einem industriell unterentwickelten Land eine siegreiche Revolution stattfinden kann. Lenin und seine Genossen hatten zugleich gezeigt, dass die Armeen der mächtigsten Industrienationen vertrieben, Agrarreformen durchgeführt und innerhalb weniger Jahre ein beeindruckendes industrielles und landwirtschaftliches Potential geschaffen werden können.

---

77 Isaac Deutscher, der sich trotz seiner Stalinismus-Kritik stets am Leninismus orientierte, erklärte, dass das Russische Reich unter den letzten Romanows ein »Zwitter aus Reich und Kolonie« gewesen sei. »Westliche Aktionäre besaßen 90 Prozent der Bergwerke Russlands, 50 Prozent seiner chemischen Industrie, über 40 Prozent seiner Maschinenfabriken und 42 Prozent seines Bankkapitals.« (Deutscher: Die unvollendete Revolution, 15)

Aus dieser Zeit der Vorwegnahme des antikolonialen Kampfs durch die Bolschewiki stammte auch das theoretische Arsenal, aus dem sich die Bewegungen in der Dritten Welt – und mehr noch die mit ihnen solidarischen linken Strömungen in den Metropolen – seit den Fünfzigern vielfach bedienten, um die aktuellen weltpolitischen Entwicklungen zu deuten. Frantz Fanons im Westen weit verbreitete Schrift über die *Verdammten dieser Erde* hatte zwar auch andere, ungleich stärkere Wurzeln als den Marxismus-Leninismus: Der 1925 auf Martinique geborene Vordenker des Dritte-Welt-Gedankens berief sich in erster Linie auf den Existenzialismus und die Psychoanalyse Jacques Lacans. In der linken Rezeption verschmolz der Antikolonialismus Fanons – aber auch der seines Lehrers Aimé Césaire oder des argentinischen Guerillaführers Ernesto »Che« Guevara – jedoch mit Versatzstücken jenes marxistisch-leninistischen Antiimperialismus, wie ihn Lenin nach 1910 entworfen hatte.[78]

Diese Verkopplung des antikolonialen Befreiungsmodells mit den traditionellen Imperialismus- und Antiimperialismusvorstellungen des Marxismus-Leninismus wurde noch dadurch begünstigt, dass zahlreiche Theoretiker und Wortführer des antikolonialen Kampfs politisch im Kontext des marxistischen Antikolonialismus und Antiimperialismus der Zwanziger und Dreißiger sozialisiert worden waren. Insbesondere der Kongress der Völker des Ostens in Baku, der 1920 im Anschluss an den zweiten Weltkongress der Komintern ebenfalls unter der Parole »Proletarier aller Länder und unterdrückte Völker vereinigt euch!« stattfand, sowie die großen, vom kommunistischen Medienmogul Willi Münzenberg organisierten Kongresse gegen koloniale Unterdrückung 1927 in Brüssel und 1929 in Frankfurt

78 Vgl. Udo Wolter: Das obskure Subjekt der Begierde. Frantz Fanon und die Fallstricke des Subjekts der Befreiung, Münster 2001, 108 ff.

am Main übten einen kaum zu überschätzenden Einfluss auf die junge intellektuelle Elite der Kolonien aus.

Der vietnamesische Revolutionsführer Ho Chi Minh, der im Unterschied zu vielen anderen Repräsentanten des Antikolonialismus ohnehin nie auf den sogenannten »Dritten Weg« zwischen Ost und West vertraute, sondern sich von vornherein an der kommunistischen Weltbewegung orientierte, war spätestens im Paris der Zwanziger in Kontakt mit dem Marxismus gekommen. Aimé Césaire engagierte sich selbst nach 1945 noch im Kontext der Kommunistischen Partei Frankreichs – ein Einfluss, der sich, wenn auch weniger deutlich als bei Césaire, auch im Werk seines Schülers Frantz Fanon fortsetzte.[79] Und noch die Systematisierung der »ziemlich unsystematischen Gedanken«[80] Che Guevaras – eine kleine Gruppe bewaffneter Militanter zettelt eine Revolution an –, die der französische Journalist Régis Debray im Zuge des gemeinsamen Kampfs im bolivianischen Urwald vornahm, kann die Anleihen am Leninschen Putschismus nur schwer verleugnen.[81]

Die marxistisch-leninistischen Wurzeln, die das Werk zahlreicher Theoretiker des antikolonialen Kampfs hatte, wurden von der europäischen Linken insofern freigelegt und verstärkt. Gleichzeitig handelten sich auch diejenigen, die sich eher vom Fanonschen Existenzialismus oder seiner Bezugnahme auf Lacan angezogen fühlten, über den Umweg der Fanon-Rezeption – oder allgemeiner: über den Umweg der Dritten Welt – ein tendenziell marxistisch-leninistisches Weltbild ein, dessen Prämissen sie bei anderer Gelegenheit stets zurückwiesen.

79 Vgl. hierzu ebd., 110.
80 Hobsbawm: Das Zeitalter der Extreme, 545.
81 Régis Debray: Revolution in der Revolution? Bewaffneter Kampf und politischer Kampf in Lateinamerika, 2., verbesserte Aufl., München 1967.

Die Rückkehr der Sowjetunion

Der zweite Umweg, über den sich die Existenz der Sowjetunion im Prinzip der Dritten Welt Geltung verschaffte, hatte seinen Ausgangspunkt im Kalten Krieg selbst. Voraussetzung des antikolonialen Befreiungskampfs war die Forderung nach dem Selbstbestimmungsrecht der Völker, die bereits in das erste Programm der Sozialdemokratischen Arbeiterpartei Russlands (SDAPR), als deren Mehrheitsfraktion die Bolschewiki bis 1918 agierten, von 1903 eingegangen war. Diese Parole hatte im westlichen und im östlichen Europa des beginnenden 20. Jahrhunderts eine unterschiedliche Bedeutung. Im Westen, wo Volkszugehörigkeit vor allem über die Staatsbürgerschaft vermittelt war, zielte sie auf die Unverletzlichkeit des Staatsgebiets. Als der amerikanische Präsident Woodrow Wilson im Ersten Weltkrieg vom Selbstbestimmungsrecht der Völker sprach, war damit in erster Linie die Forderung nach dem Rückzug des kaiserlichen deutschen Heers aus den besetzten Territorien verbunden. Die Parole war auf den Schutz bereits existierender Staaten ausgerichtet.

In den Vielvölkerreichen des östlichen Europa, wo mit den Begriffen Volk, Nation und Nationalität keine staatsbürgerlichen sondern ethnische Zugehörigkeiten umschrieben wurden, hatte sie im Unterschied dazu eine destabilisierende Funktion. Sie zielte auf die Zerstörung der multiethnischen Imperien und die Errichtung ethnisch homogener Kleinstaaten: Jede Nationalität sollte ihr eigenes Gemeinwesen erhalten.

Diese Vorstellung übte sowohl auf Bewohner der Kolonien als auch auf viele Bürger der alten Vielvölkerreiche eine große Anziehungskraft aus. Der Grund hierfür war nicht allein der Glaube an völkische Zusammengehörigkeit. Die Attraktivität der Parole vom nationalen Selbstbestimmungsrecht basierte zugleich auf der Erfahrung der Ungleichbehandlung ganzer Bevölkerungsgruppen durch die Kolonialherren und, wenn auch in schwächerer Form, die Dominanznationen des östlichen und südöstlichen Europa: die Deutschen in der Habsburgermonarchie, die Russen im Reich der Romanows und die Türken im Osmanischen Imperium.

Die Hinwendung der Bolschewiki zu den »unterdrückten Völkern« war nicht zuletzt der Empörung über diese Diskriminierung von nationalen Minderheiten in den Vielvölkerreichen und das Vorgehen der Kolonialmächte in ihren überseeischen Besitzungen geschuldet. Zugleich hatte sie jedoch stets auch eine realpolitisch-taktische Komponente. Vor 1917 glaubte die russische Mehrheitssozialdemokratie, das Zarenreich durch die Unterstützung von Unabhängigkeitsbestrebungen destabilisieren zu können. Nach 1917, als die erhofften Revolutionen im Westen ausblieben, benötigte der junge Sowjetstaat Bündnispartner. Zugleich konnte das System des 1919 geschlossenen Versailler Friedensvertrags, das die Sieger des Ersten Weltkriegs und damit zugleich: die großen Interventionsmächte des Russischen Bürgerkriegs stärkte, geschwächt werden. Denn aus den Trümmern der alten Imperien waren am Ende des Großen Kriegs zwar überall im östlichen Europa Nationalstaaten entstanden. Hinsichtlich der Bevölkerungsstruktur unterschieden sie sich jedoch kaum von ihren Vorgängern. Hatten im österreichischen Teil des alten Habsburgerreichs neun Nationalitäten gelebt, waren es in der Tschechoslowakei beispielsweise immer noch sechs.

Im Vergleich zu den alten Imperien hatte sich die Situation der nationalen Minderheiten in diesen Nationalstaaten zum Teil sogar verschlechtert. Als die Komintern Anfang der Zwanziger die Parole vom Selbstbestimmungsrecht der Völker »bis hin zur Lostrennung« als verbindliche Losung für ihre Mitgliedsparteien ausgab, wollte sie damit einerseits diese Staaten destabilisieren, die fast durchgängig mit Sowjetrussland verfeindet waren. Andererseits sollte die befürchtete Annäherung zwischen dem Westen und

Deutschland, das ebenfalls großes Interesse an der Aufhebung des Versailler Vertragssystems hatte und seit dem Vertrag von Rapallo 1922 zu den engsten Verbündeten Moskaus gehörte, behindert werden.

Dieses stets auch instrumentelle Verhältnis der Bolschewiki zu den nationalen Befreiungsbewegungen spiegelte sich vor allem in den regelmäßigen Einschränkungen des Selbstbestimmungsrechts der Völker wider: So trat die Rote Armee den Unabhängigkeitsbestrebungen in der Ukraine, Georgien oder Weißrussland nach 1917 immer wieder auch militärisch entgegen und argumentierte mit Lenin, dass »die Interessen des Sozialismus höher stehen als die Interessen des Selbstbestimmungsrechtes der Nationen«.[82]

Unter dem Eindruck des faschistischen und nationalsozialistischen Volkstumskampfs, der gewöhnlich ebenfalls unter der Parole des Selbstbestimmungsrechts der Völker ausgetragen wurde, stellte die Komintern diese Losung schließlich zurück. Insbesondere das Eintreten für die Überwindung des »imperialistischen Versailler Friedensvertrags« hatte nämlich immer wieder zu eigentümlichen Allianzen geführt: In Deutschland hatte sich der Komintern-Funktionär Karl Radek 1923 positiv auf den Freikorps- und NSDAP-Mann Albert Leo Schlageter bezogen, der während der Ruhrbesetzung Anschläge auf die französischen Besatzungstruppen verübt hatte. Die Selbstbestimmung der Sudetendeutschen bis hin zur Loslösung von Prag wurde von den tschechoslowakischen Kommunisten noch vor den Henlein-Anhängern gefordert. Und Milovan Djilas, der in den Fünfzigern in Ungnade gefallene Vertraute des jugoslawischen Kommunistenführers Josip Tito, beschreibt in seinen Lebenserinnerungen, wie die Nationalitätenpolitik der Komintern auf dem Balkan zu »verhältnismäßig guten

82 Wladimir Iljitsch Lenin: Zur Geschichte der Frage eines unglückseligen Friedens, in: ders.: Werke. Bd. 26, Berlin/Ost 1961, 450.

Beziehungen mit den Ustaschas«, den kroatischen Faschisten, führte: »Wir hatten einen gemeinsamen Feind, die Regierung und das Regime. [...] Vor allem glaubten beide Gruppen, dass Jugoslawien in seine Bestandteile aufgeteilt werden sollte.« Ustaschas und Kommunisten seien der Meinung gewesen, »dass Jugoslawien eine künstliche Schöpfung des imperialistischen Versailler Friedensvertrages sei und daher verschwinden müsse«.[83]

Spätestens als 55.000 indische Soldaten der britischen Streitkräfte während des Zweiten Weltkriegs zum Feind überliefen, um sich der Indischen Nationalarmee des früheren Gandhi-Vertrauten Subhas Chandra Bose anzuschließen – Bose hatte mit indischen Freiwilligen schon ab 1941 die Waffen-SS-Division »Freies Indien« aufgebaut – und an der Seite der Achsenmächte für die Unabhängigkeit Indiens zu kämpfen, zeigte sich, erstens, dass Antiimperialismus bzw. Antikolonialismus und Antifaschismus nicht notwendigerweise kongruent verlaufen. Zweitens wurde deutlich, dass Antiimperialismus, Antikolonialismus und das Selbstbestimmungsrecht der Völker nicht notwendigerweise progressiv sind. Genauen Beobachtern offenbarte sich zudem, drittens, dass unter der dualistischen Oberfläche des Zweiten Weltkriegs auch Konflikte ausgetragen wurden, die quer zum Antagonismus von Faschismus und Antifaschismus lagen.

Das Umdenken der Kommunistischen Parteien kündigte sich bereits im Kontext des VII. Weltkongresses der Komintern 1935 an, als sich die kommunistische Weltbewegung offiziell auch von der Sozialfaschismusthese trennte. Schon während der Saarabstimmung im selben Jahr, als die Bewohner des seit 1920 vom Völkerbund verwalteten Saargebiets über die Rückgabe des Territoriums

---

83 Milovan Djilas: Der junge Revolutionär. Memoiren 1929–1941, Wien u.a. 1973, 114f.

an Deutschland befinden durften, agitierten die Kommunisten unter Fritz Pfordt gegen ihre frühere Losung vom Anschluss ans Reich. Das junge KPD-Mitglied Erich Honecker verteilte Flugblätter für den Verbleib des Gebiets unter internationaler Kontrolle; Bertolt Brecht schrieb mit seinem Gedicht »Haltet die Saar, Genossen« das wohl bekannteste Zeugnis des kommunistischen Saarkampfs der Dreißiger.

Auch in der Tschechoslowakei, in Österreich, wo Sozialisten und Kommunisten lange Zeit für die großdeutsche Option, die Vereinigung mit Deutschland, eingetreten waren, und in Jugoslawien wurden die Kommunistischen Parteien bald zu Gegnern ethnogeographischer Neuparzellierungen. Und in Frankreich gingen die Kommunisten auch im Hinblick auf die Kolonien auf Distanz zur Parole vom Selbstbestimmungsrecht der Völker. (Hier ist zumindest einer der Gründe für die Skepsis zu suchen, mit der die KPF später der Nationalen Befreiungsfront Algeriens begegnete.)

Maurice Thorez, der Generalsekretär der Partei, beschrieb die neue Linie der Komintern gegenüber den Unabhängigkeitsbestrebungen in den überseeischen Besitzungen der westlichen Kolonialmächte 1937 mit den Worten: »Wenn die entscheidende Frage im Augenblick der siegreiche Kampf gegen den Faschismus ist, so liegt der Vorteil für die Kolonialvölker in der Zusammenarbeit mit dem französischen Volk und nicht in einer Haltung, die den Plänen des Faschismus Vorschub leistet und zum Beispiel Algerien, Tunesien und Marokko dem Joch Mussolinis oder Hitlers unterwerfen oder Indochina zu einer Operationsbasis für den japanischen Militarismus machen könnte.«[84]

Auch wenn die Sorge vor einer Zusammenarbeit zwischen den antikolonialen Bewegungen und den Achsenmächten nach dem

84 Zit. n. Jürgen Elsässer: Aufstand der Stämme, in: Konkret 12/1999.

Ende des Zweiten Weltkriegs obsolet wurde, stand die Sowjetunion den Unabhängigkeitsbestrebungen im Trikont zunächst auch weiterhin desinteressiert bis reserviert gegenüber. Die Dritte Welt wurde erst spät zu einem Teil ihrer geostrategischen Pläne. Die Hoffnungen Nikita Chruschtschows, der die Geschicke des Landes nach den Wirren infolge von Stalins Tod 1953 in genau den zehn Jahren lenkte, in denen sich die antikoloniale Revolte ausbreitete, waren darauf gerichtet, den Westen durch die wirtschaftliche Überlegenheit des Realsozialismus zugrunde zu richten.

Der Umschwung kam erst, als Washington die Dritte Welt als Schauplatz des Kalten Kriegs entdeckte. Dabei hatten die Vereinigten Staaten dem Kolonialismus der alten Imperialmächte Frankreich, Großbritannien, Belgien, Niederlande, Spanien und Portugal zunächst ebenso kritisch gegenübergestanden wie die Sowjetunion. In zahlreichen Kolonien war wohlwollend zur Kenntnis genommen worden, dass die beiden großen Siegermächte des Zweiten Weltkriegs von ihrem historischen Selbstverständnis her antikolonialistisch eingestellt waren.[85] Die erste Verfassung Nordvietnams orientierte sich dementsprechend an der Verfassung der Vereinigten Staaten;[86] und noch während des Vietnamkriegs, als amerikanische Flugzeuge das Land bombardierten, schrieb Ho Chi Minh höfliche Briefe an Präsident Richard Nixon und die amerikanische Bevölkerung, in denen er sie daran erinnerte, dass auch die Vereinigten Staaten das Resultat einer antikolonialen Revolution seien. Das aktuelle Agieren der Vietnamesen, so Ho, weise durchaus Ähnlichkeiten mit dem historischen Unterfangen der Amerikaner auf.[87]

Mit der Rollback-Strategie, der Nachfolgerin der amerikanischen Eindämmungs-Politik gegenüber dem Kommunismus,

85 Vgl. Hobsbawm: Das Zeitalter der Extreme, 275.
86 Vgl. Diner: Der Krieg der Erinnerungen, 28.
87 Ho Chi Minh: Reden und Schriften. Eine Auswahl, Leipzig 1980, 301.

wandelten sich die Vereinigten Staaten schließlich vom Gegner des Kolonialismus zum Sachstandswahrer in der Dritten Welt. Antikoloniales Aufbegehren und demokratische Umwälzungen wurden von amerikanischer Seite bald auch dann mit kommunistischer Infiltration in eins gesetzt und bekämpft, wenn die jeweiligen Bewegungen auf sozialrevolutionäres Vokabular verzichteten. Rechtsgerichtete Diktaturen erschienen Washington dabei oft als verlässlichere Partner als demokratische linke Parteien, die in der paranoiden Logik der Dominotheorie, der Entsprechung der Rollback-Strategie auf der Analyseebene, primär als potentielle Bündnispartner der Sowjetunion wahrgenommen wurden.

Damit schufen sich die Vereinigten Staaten, ähnlich wie die Bolschewiki gut dreißig Jahre zuvor, ihre *self-fulfilling prophecy* – allerdings zu ihren eigenen Ungunsten: Da der Kalte Krieg als Nullsummenspiel angelegt war, kehrte nicht nur die Sowjetunion in den Trikont zurück, den sie in den Dreißigern weitgehend verlassen hatte. Auch die antikolonialen Bewegungen sahen sich an die Seite des Realsozialismus gezwungen. Die Ankopplung an die Handelsstrukturen des Rats für gegenseitige Wirtschaftshilfe (RGW), des zweiten Weltmarkts, wurde zur Überlebensnotwendigkeit für die antikolonialen Bewegungen und die jungen Nationalstaaten.

Selbst die Angehörigen der Blockfreienbewegung, die 1955 im indonesischen Bandung ihren Ausstieg aus der Logik der Blockkonfrontation verkündet hatten, konnten nur selten zwischen den Handelsstrukturen der Ersten und der Zweiten Welt hin und her springen. Sie sahen sich letztlich auf einen der beiden Weltmärkte zurückgeworfen. Der Antikolonialismus, dessen Fronten zunächst quer zu den Konfliktlinien des Kalten Kriegs verlaufen waren, wurde damit durch den Ost-West-Konflikt überformt und absorbiert. Die Sowjetunion wurde zu einer Größe der Dekolonisierung; die antikolonialen Befreiungskämpfe, die Selbstbehauptungskriege der jungen Nationalstaaten, Verteilungskämpfe und Bürgerkriege im Trikont wurden als Stellvertreterauseinandersetzungen im Kampf zwischen Ost und West geführt.

Das Engagement der Sowjetunion an der Seite der antikolonialen Bewegungen hatte für das Land der Oktoberrevolution die Funktion eines Ostererlebnisses: Mit den Waffenlieferungen in die Dritte Welt, der Ausbildung von Technikern und ihrer finanziellen Unterstützung erstand die Sowjetunion in der Wahrnehmung der Linken wieder als eine Größe der Befreiung auf. Über den Umweg der Dritten Welt erhielt sie einige der Sympathiepunkte zurück, die sie durch ihr autoritäres Regiment, das Vorgehen in ihrem engsten Machtbereich, durch Bürokratie und Terror verloren hatte. Wenn ihr eigener Sozialismus auch als deformiert und bürokratisiert begriffen wurde, sorgte sie nun zumindest dafür, dass den Vereinigten Staaten, die in der linken Wahrnehmung von der westlichen Führungsmacht zum Sinnbild des Imperialismus avanciert waren, Einhalt geboten wurde. Zudem schien sie dazu beizutragen, dass in der Dritten Welt ein wahrer Sozialismus errichtet wird.

Als die maoistische KPD/ML (Marxisten-Leninisten) im Kontext der Vietnamsolidarität 1971/72 die Parole »Nieder mit dem sowjetischen Sozialimperialismus!« ausgab, begegnete ihr dementsprechend nicht nur das moskautreue DKP-Spektrum mit Empörung. Selbst der Kommunistische Bund, der sich seinerzeit noch ebenso wie die KPD/ML an China und am Maoismus orientierte, erklärte durchaus exemplarisch: »Das vietnamesische Volk erhält von der Sowjetunion eine beträchtliche materielle Unterstützung. Sowjetische Schiffe sind im Hafen von Haiphong von amerikanischen Bombenangriffen getroffen worden und durch Verminung der Seewege aktuell gefährdet. In dieser Situation und bei diesem Anlass zum Kampf gegen die

Sowjetunion aufrufen zu wollen, ist eine Provokation gegenüber dem vietnamesischen Befreiungskampf ...«[88]

Zugleich bot die Verschmelzung des Kalten Kriegs mit dem antikolonialen Kampf eine Orientierungsgewissheit, die die Linke selten zuvor besessen hatte. Die Kraft, die in den Staaten der Dritten Welt an der Seite der Sowjetunion kämpfte, konnte als potentiell fortschrittliche gewertet werden; diejenigen Parteien hingegen, die von den Vereinigten Staaten unterstützt wurden, agierten im Sinne der Reaktion.

Diese Bewertung der Auseinandersetzungen in der Dritten Welt anhand der Positionierung der beiden Supermächte funktionierte zwar nie fehlerfrei: So glaubte sich die Sowjetunion gelegentlich gezwungen, regionale Kommunisten den Erfordernissen des Kalten Kriegs zu opfern. Sie paktierte etwa mit dem irakischen Baath-Regime, das 1963 Zehntausende von ihnen ermordet hatte. Darüber hinaus wurde die Lage auch durch das steigende Selbstbewusstsein Chinas verkompliziert, das seit dem großen Schisma mit der Sowjetunion 1956 die Rolle als zentrale Bezugsgröße des Weltkommunismus für sich beanspruchte. Die Volksrepublik trat im Zuge ihrer diversen Kurswechsel seit den späten Sechzigern regelmäßig als direkter Konkurrent der Sowjetunion in den Auseinandersetzungen im Trikont auf. Im Angola der Siebziger standen sich beispielsweise gleich drei Bewegungen gegenüber, die zunächst für die Unabhängigkeit von Portugal und schließlich um die Machtverteilung im postkolonialen Staat kämpften: Die Volksbewegung für die Befreiung Angolas (MPLA) erhielt Unterstützung aus der Sowjetunion und aus Kuba, die Nationale Front für die Befreiung Angolas (FNLA) und die Nationale Union für die vollständige Unabhängigkeit

88 O. A.: Solidarität mit dem Kampf des vietnamesischen Volkes, in: AK 19/1972.

Angolas (UNITA) wurden hingegen sowohl von China als auch vom südafrikanischen Apartheidregime protegiert.

Trotz solcher skurril erscheinenden Konstellationen und der sporadischen Zusammenarbeit der Sowjetunion mit Schlächterregimes aller Art erwies sich die Bewertung der jeweiligen Bewegungen in der Dritten Welt anhand der Positionierung der Sowjetunion und der Vereinigten Staaten zumeist als halbwegs sicheres Interpretationsmuster. Zur Realitätstauglichkeit dieser Schablone trug nicht nur die Tatsache bei, dass sich zahlreiche Führer des nationalen Befreiungskampfs – insbesondere der Fünfziger und frühen Sechziger – auch ohne größeres Zutun der Sowjetunion als sozialistisch begriffen und zu entsprechenden Emanzipations-, Fortschritts- und Modernisierungsvorstellungen tendierten. »Waren sie nach westlicher Art erzogen«, so Eric Hobsbawm, »waren sie sogar häufig selbst der Überzeugung, von Lenin und Marx inspiriert worden zu sein.«[89]

Auch die historischen Traditionen der Aufklärung und der europäischen Linken, die teilweise in die politische Agenda der Bolschewiki eingegangen waren, verschafften sich hier noch einmal in verjüngter Form Geltung und wirkten auf die Dritte Welt zurück. So war die Voraussetzung für die Integration in die Marktstrukturen der Zweiten Welt nicht nur die Orientierung an der Rhetorik des Marxismus-Leninismus. Die Verbündeten der Sowjetunion sahen sich zugleich gezwungen, gewisse zivilisatorische Mindeststandards – die allgemeine Schulpflicht, die juristische Gleichbehandlung von Frauen usw. – einzuhalten oder einzuführen.

Dabei flossen die bürgerlichen und proletarischen Revolutionen in den jungen Nationalstaaten zwar nicht, wie noch von Lenin erhofft, »in einem Strom« zum Kommunismus zusammen. In ei-

89 Hobsbawm: Das Zeitalter der Extreme, 540.

nigen Fällen bildeten sich jedoch Regimes heraus, deren Eliten sich darum bemühten, die Französische, also: bürgerliche Revolution nachzuholen – wenn auch, und das mag ebenfalls zu ihrem Scheitern beigetragen haben, unter gänzlich anderen historischen, sozioökonomischen und kulturellen Bedingungen und vor allem mit den Mitteln einer Entwicklungsdiktatur. Die Sowjetunion übte letztlich auch auf Bewegungen und Regimes, die sich aus ganz pragmatischen Gründen an ihrer Seite wiederfanden, auf Organisationen und Staaten etwa, die sich weniger als sozialrevolutionär denn als antiwestlich verstanden, einen mäßigenden Einfluss aus.

Gerade die neutralisierende Wirkung des Kalten Kriegs, der alle quer liegenden Konfliktlinien unter einer Rhetorik des Sozialen begrub, verschaffte dem bereits in den Dreißigern infrage gestellten Manichäismus des antiimperialistischen Weltbilds wieder eine gewisse Plausibilität. Unter der Ägide des Ost-West-Konflikts schien die Trias, auf die der Komintern-Schlachtruf von Baku aus dem Jahr 1920 (»Proletarier aller Länder und unterdrückte Völker, vereinigt euch«) verwies, doch noch wirksam zu werden: Die Sowjetunion bzw. das »sozialistische Weltsystem«, die Befreiungsbewegungen und jungen Nationalstaaten in der Dritten Welt sowie die, wenn auch personell deutlich geschwächte Linke in den Metropolen schienen »gemeinsam« gegen »den Imperialismus« zu kämpfen. Die Aktivitäten der recht unterschiedlichen Aufstandsbewegungen in der Dritten Welt erweckten dank der Unterstützung durch die Sowjetunion den Eindruck, in einem einheitlichen Transformationsprozess miteinander zu verschmelzen, der sich zu den Kämpfen in den Metropolen in ein dialektisches Verhältnis zu setzen versprach.[90]

90 Vgl. Steffen: Geschichten vom Trüffelschwein, 74.

Das Ende der Dritten Welt

Mit dem Ende des Ost-West-Konflikts verlor dieses Interpretationsschema seine ohnehin schwindende Realitätstauglichkeit. Der weltpolitische Rahmen, in dem sich die Linke bis dahin bewegt, auf den sie sich bezogen und der ihr eine gewisse Orientierungssicherheit geboten hatte, zerbrach. Die Sowjetunion, deren Existenz sich oft mäßigend auf die Politik ihrer Verbündeten in der Dritten Welt ausgewirkt hatte, entfiel als Korrektiv. Nationalistische, völkische und antiwestliche Ideen, die von der marxistisch-leninistischen Rhetorik ohnehin regelmäßig nur mühsam kaschiert worden waren, dominierten nun häufig offen die Programmatik und die politische Praxis der Bewegungen und jungen Nationalstaaten im Trikont. Das Ende der Systemauseinandersetzung ließ, wie der Historiker Dan Diner kurz nach dem Zusammenbruch des Realsozialismus schrieb, die ihr »historisch vorausgegangenen und in sie eingebauten Grundsteine der traditionellen Staatenordnung wieder stärker hervortreten«.[91]

Das heißt, der Untergang der Sowjetunion und die Implosion des Ostblocks reaktivierten Konflikte, die aus der Vorgeschichte des Kalten Kriegs stammten. Nach dem Ende der Entgegensetzung von Ost und West, Sozialismus und Kapitalismus traten Frontlinien zutage, die durch die Blockkonfrontation überdeckt oder verschüttet worden waren. Die Rede ist von nationalen, ethnischen oder religiösen Konflikten. Zugleich verschwand mit dem Ende der Gegenüberstellung von Erster und Zweiter Welt auch das Prinzip der Dritten Welt. Der Begriff verlor seine geschichtsphilosophische Bedeutung und wurde zum rein deskriptiven Eigennamen für wirtschaftlich unterentwickelte Staaten. Die

91 Diner: Der Krieg der Erinnerungen, 12f. Vgl. dort auch zu den folgenden beiden Abschnitten.

absolute Mehrheit der Bewegungen und »kämpfenden Völker« im Trikont war nur noch schwerlich als Statthalter jenes revolutionären Dritten Standes zu erkennen, als die sie Alfred Sauvy in seinem Initiationsartikel über die »drei Welten« von 1952 verstanden wissen wollte.

Weite Teile der Linken waren nach 1989 jedoch nicht dazu in der Lage, mit den Schablonen des Kalten Kriegs zu brechen. Je anachronistischer das antiimperialistische Weltbild wurde, umso stärker erwies sich sein Beharrungsvermögen. Der Dualismus von Ost und West, Fortschritt und Reaktion wurde mit dem Ende des Ostblocks kurzerhand an der Nord-Süd-Achse neu justiert und somit in die neue Zeit hinübergerettet. Das zeigte sich erstmals während des Zweiten Golfkriegs 1991.

Was war geschehen? Anfang August 1990 besetzten irakische Truppen das Ölscheichtum Kuwait. Der Sicherheitsrat der Vereinten Nationen verlangte daraufhin einen Rückzug der irakischen Streitkräfte und stellte ein Ultimatum. Saddam Hussein, der Staatschef des Irak, drohte daraufhin, Israel, das in diesem Konflikt bis dahin gar nicht beteiligt war, im Falle eines alliierten Militärschlags mit Giftgas-Raketen anzugreifen – dem Irak war es mit Hilfe deutscher Firmen gelungen, sich mit chemischen Kampfstoffen auszurüsten. Der jüdische Staat, so der Diktator, solle zerstört werden. Nach Ablauf des Ultimatums, in der Nacht vom 16. zum 17. Januar 1991, griffen alliierte Streitkräfte unter amerikanischer Führung den Irak an; irakische Truppen feuerten Scud-Raketen, die entgegen der Drohungen aber nicht mit Giftgas bestückt waren, auf israelische Großstädte ab.

Die Mehrheit der deutschen Linken zeigte sich unfähig, die komplizierte Situation am Persischen Golf anders als aus der Vietnamkriegsperspektive heraus zu betrachten. So wurde der alliierte Militärschlag gegen den Irak als imperialistischer Krieg der Ersten gegen die antiimperialistische Dritte Welt kritisiert. Hierzu mussten nicht nur Saddam Husseins Überfall auf Kuwait, der Terror der irakischen Staatspartei und die Vernichtungsdrohungen gegen Israel ignoriert werden. Der Irak, der aufgrund seiner Ölreserven zu den stärksten Wirtschafts- und Militärmächten der Region gehörte, musste zugleich zu einem unterentwickelten Staat umgedichtet werden. Ähnlich wie dreißig Jahre zuvor wurde der Trikont damit noch einmal zum Rettungsanker, mit dessen Hilfe der Verlust bisheriger Orientierungssicherheiten kurzzeitig kompensiert werden konnte.[92] Die Dritte Welt wurde zur letzten Verteidigungslinie des linken Weltbilds, das durch die Ereignisse von 1989 zutiefst erschüttert worden war.

Zugleich entdeckte insbesondere der radikale Teil der Linken gerade mit den Ereignissen seit 1989 nahezu strömungsübergreifend den »Kurdischen Befreiungskampf« und seine Repräsentantin, die Kurdische Arbeiterpartei (PKK), für sich. Die Kurdistan-Solidarität erreichte in der zweiten Hälfte der Neunziger eine Breite, die, zumindest gemessen an der arg geschrumpften personellen und organisatorischen Basis der außerparlamentarischen Linken, durchaus an die Solidaritätsbekundungen für Nicaragua und El Salvador in den Achtzigern erinnerte: Kaum eine autonome oder marxistisch-leninistische Festivität kam ohne die einschlägige kurdische Trachtengruppe, einen Kurdistan-Informationsstand oder einen PKK-Vortrag aus; kaum ein autonomes Infoheft, das nicht regelmäßig über die Vorgänge im kurdischen Teil der Türkei, Syriens oder des Irak berichtete.

Ohne die Wirklichkeit des Kalten Kriegs verändern indes auch seine Kategorien ihre Bedeutung. Die Feststellung, dass eine Konfliktpartei als imperialistische Kraft auftritt, lässt nicht mehr notwendigerweise die Schlussfolgerung zu, dass die Gegenseite

92 Vgl. hierzu insgesamt Diner: Der Krieg der Erinnerungen.

»objektiv« antiimperialistisch handelt – zumindest nicht, ohne sich von der einstigen Emphase des Begriffs Antiimperialismus zu verabschieden.[93] Der Kalte Krieg hatte die Erinnerung daran verschüttet, »dass der Widerstand gegen eine imperiale Macht nicht notwendigerweise fortschrittlich sein muss, dass es auch faschistische ›Antiimperialismen‹ gegeben hat«.[94]

So sahen sich nicht unerhebliche Teile der Linken nach 1989 immer wieder an der Seite von Regierungen und Bewegungen, deren despotischer Charakter dem des persischen Schah-, des chilenischen Pinochet- oder des französischen Militärregimes in Algerien, die den linken Antiimperialismus in den Fünfzigern, Sechzigern und Siebzigern auf den Plan gerufen hatten, nicht nachstand: Das Baath-Regime Saddam Husseins, Osama Bin Ladens Al Qaida oder die afghanischen Taliban, gegen die Amerika und seine Verbündeten zur Empörung vieler Linker 1991, 2001 und 2003 Krieg führten, waren sogar noch weitaus brutaler und repressiver als etwa die mörderischen Militärcliquen in Brasilien, Chile und Argentinien, gegen die in den Siebzigern und Achtzigern aus gutem Grund demonstriert worden war. Die Programmatik der Kurdischen Arbeiterpartei wiederum trug bis weit in die Zweitausender hinein, als sich ihr Vorsitzender Abdullah Öcalan skurrilerweise an den Graswurzelideen des amerikanischen Ökoanarchisten Murray Bookchin zu orientieren begann, nicht nur stalinistische sondern deutlich völkisch-autoritäre Züge.[95]

---

93 Reemtsma: … the bad and the ugly; ders.: Deutsche Linke '91.

94 Moishe Postone: Geschichte und Ohnmacht. Massenmobilisierung und aktuelle Formen des Antikapitalismus, in: ders.: Deutschland, die Linke und der Holocaust. Politische Interventionen, Freiburg/Br. 2005, 205. Vgl. dort auch zum Folgenden.

95 Im *Kurdistan-Report* vom März 1994 etwa ließ Öcalan verlauten: »[D]er Patriotismus ist bei den Kurden in einer verlorenen, verzerrten, in der Nähe des Verrats befindlichen, betrüblichen Situation. […] Die Kurden verlassen

Abgesehen von der PKK, zu der sich insbesondere die Reste der Autonomen, des RAF-Umfelds und der K-Gruppen bekannten, ergriffen Vertreter der Linken zwar nur selten offen Partei für die jeweiligen Regimes oder Bewegungen. In der Zeit des Kalten Kriegs hatten viele Linke jedoch immer wieder nicht ganz zu Unrecht erklärt, dass die Opposition gegen »den Imperialismus«, der zumeist mit Amerika gleichgesetzt wurde, eine faktische Parteinahme für seine Gegner sei.[96] Eine Antikriegsbewegung kann, wie der Historiker Moishe Postone vor einigen Jahren schrieb, »nur dann von sich behaupten, keine Unterstützung der Gegenseite darzustellen, wenn sie sich gegen beide Seiten richtet (wie es etwa die Zweite Internationale am Vorabend des Ersten Weltkriegs versuchte)«.[97]

Selbst auf eine solche Kritik, die beide Kriegsparteien zumindest in den Blick nimmt, verzichtete die traditionalistische Linke jedoch sowohl während des Zweiten Golfkriegs 1991 als auch im Zuge der Militärschläge gegen das Taliban-Regime 2001 und den Irak 2003 weitgehend.[98] Von der Notwendigkeit grund-

---

scharenweise ihre tausendjährige Heimat, um ihren Bauch zu füllen. Wenn man von Ehre und Stolz, von Recht und Gesetz spricht, dann werden wir sagen: Zuerst das Recht des Patriotismus, zuerst die Pflicht, die Heimat zu verteidigen.« Ein »Verständnis der Menschheit, das sich nicht auf Patriotismus stützt«, sei »Kosmopolitismus«. »Menschen, die ohne Heimat leben und von Demokratie und Sozialismus sprechen, begehen ein niederträchtiges Verbrechen.« (zit. n. Gruppe Demontage: Postfordistische Guerilla. Vom Mythos nationaler Befreiung, Münster 1998, 218f.)

96 Vgl. Postone: Geschichte und Ohnmacht, 204.

97 Ebd.

98 Nick Cohen, der lange Zeit am linken Rand der britischen Labour Party stand, erklärte im Nachgang des Irakkriegs und mit Blick auf die britische Linke (der sich allerdings auch auf die Bundesrepublik ausweiten lässt), dass es gute Gründe gegeben hätte, um gegen den Krieg zu sein. Jeder Kriegsgegner hätte jedoch zugeben müssen, dass der Sturz des Baath-Regimes zumindest eine moralische Legitimität hatte. Völlig fatal sei das

legender Reformen in Afghanistan oder im Irak sprach sie in der Regel gar nicht erst.

Insbesondere nach den Anschlägen auf das World Trade Center in New York am 11. September 2001 zeigte sich, wie das Festhalten an den überkommenen Schablonen des Kalten Kriegs und am Prinzip der Dritten Welt in eine Apologie des Terrors umschlagen kann. Selbst wenn die Anschläge, denen mehr als 3.000 Menschen zum Opfer fielen, verurteilt wurden (was häufig nicht geschah), wurde regelmäßig Verständnis für die »Wut« und das »an sich« berechtigte Anliegen der Terroristen aufgebracht.[99]

Zudem wurde immer wieder auf die tatsächlich missliche Lage derjenigen verwiesen, in deren Namen die Attentäter zu handeln vorgaben.[100] Der weltanschauliche Hintergrund, vor dem die Massenmörder von Al Qaida diese Missstände betrachteten, wurde jedoch nicht hinterfragt; der Bezugsrahmen des Dschihadismus, in dem die Vereinigten Staaten als Hort der »Kreuzfahrer und Juden« auftauchen, wurde mit dem des Kalten Kriegs in eins gesetzt. Osama Bin Laden erschien so als Wiedergänger Che Guevaras oder Ho Chi Minhs; der Massenmord an tausenden Zivilisten –

Verhalten der Antikriegsbewegung jedoch nach dem Sturz des Baath-Regimes gewesen. In dieser Situation hätte es, wie Cohen erklärt, nur eine richtige Position gegeben: die Unterstützung des Aufbaus eines freien und demokratischen Irak sowie die Ablehnung des Terrors der Dschihadisten und früheren Anhänger der Baath-Partei, der sich regelmäßig gegen die Zivilbevölkerung, neue Infrastrukturen und Keimzellen zivilgesellschaftlichen Engagements richtete. (Nick Cohen: What's Left. Why Liberals lost their Way, London 2007) Stattdessen unterstützten einige Vertreter der britischen wie auch der deutschen Linken den irakischen Widerstand, rechtfertigten ihn moralisch oder sammelten im Rahmen der Kampagne »10 Euro für den irakischen Widerstand« sogar Geld für Waffen.

99 Vgl. etwa die Zitatensammlung bei Joachim Rohloff: Wenn man dich nicht fragt, sag nein. Deutsche Pazifisten und Antiimperialisten im Krieg gegen den Krieg gegen den Terror, Berlin 2002.

100 Vgl. ebd.

eine Form der politischen Praxis, auf die der Vietcong oder die chilenische Linke nicht zufällig, sondern trotz aller berechtigten Wut auf die Politik der Vereinigten Staaten aus Prinzip verzichteten – wird zur Fortsetzung der vietnamesischen Tet-Offensive von 1968, von Fidel Castros Angriff auf die Moncada-Kaserne in Santiago de Cuba oder des Kampfs um Saigon.[101]

Mit dieser In-Eins-Setzung wurden der linke Antiimperialismus und das antiimperialistische Weltbild nochmals entwertet. Das ist ein weiterer Grund für die Mischung aus Kopflosigkeit und Rückzug, die das Vorgehen der außerparlamentarischen Linken seit 1989 prägt. Die Gleichsetzung von Terrororganisationen und -staaten mit den Befreiungsbewegungen des Kalten Kriegs steht für einen Verlust historischer Urteilskraft, durch den der Verfall der als emanzipatorisch ausgegebenen Traditionen der Linken seit 1989 noch einmal potenziert wird. Der Zusammenbruch und das stetige Retardieren, das die Rekonstitution der außerparlamentarischen Linken nach 1989 nie in eine wirkliche Rekonsolidierung umschlagen ließ, sind auch darauf zurückzuführen, dass das antiimperialistische Weltbild des Ost-West-Konflikts seine Überzeugungskraft und seine Realitätstauglichkeit verlor, das Gros der Bewegung jedoch auch weiter daran festzuhalten versuchte.

Für die größten innerlinken Zerwürfnisse sorgten nach 1989 dementsprechend internationale Konflikte, die von weiten Teilen der Linken mit den Kategorien des Kalten Kriegs gedeutet wurden – und die gleichzeitig deren Untauglichkeit offenbarten: So beschleunigte der Zweite Golfkrieg 1991 den Zerfall der Linken

---

101 Dieses In-Eins-Setzen fiel insbesondere dem traditionalistischen Teil der radikalen Linken nicht sonderlich schwer, weil der Interpretationsrahmen des Kalten Kriegs schon vorher brüchig geworden war. Vgl. hierzu den Essay »Deutschlandsuche« im Anhang.

in der Zusammenbruchsphase von 1989 bis 1991.[102] Nach den Anschlägen vom 11. September 2001, im Kontext des darauffolgenden Afghanistaneinsatzes und des Irakkriegs 2003 wurde das außerparlamentarische linke Strömungsbild, das sich in der Zwischenzeit jeweils, wenn auch auf kleinerer personeller Basis, wiederhergestellt zu haben schien, stets aufs Neue erschüttert.

Diese innerlinken Konflikte verdeutlichten, dass die Rekonstitution weiter Teile der Bewegung allenfalls auf der Konservierung der einschlägigen Interpretationsmuster aus der Zeit des Ost-West-Konflikts unter neuen weltpolitischen Bedingungen beruhte. Die zentralen Auseinandersetzungen der außerparlamentarischen Linken fanden nach 1989 nicht mehr entlang der innerlinken Konfliktlinien aus der Zeit des Kalten Kriegs statt. Sie entbrannten stattdessen zwischen einer Mehrheit, die sich auch weiterhin auf die weltpolitische Konstellation und die Schablonen der Jahrzehnte vor 1989/90 bezog, und einer Minderheit, die lange Zeit auf der Suche nach einer neuen Orientierung war – und diese schließlich im Prinzip des Westens fand.

Diese Orientierung auf den Westen, der nur noch bedingt im Zusammenhang mit dem deckungsgleichen Begriff aus der Zeit des Kalten Kriegs steht, ging jedoch nicht, wie in den einschlägigen Fraktionskämpfen gern behauptet wurde, mit einer Abkehr von der Kritik an den Verwerfungen der warenproduzierenden Gesellschaft einher. Im Zuge einer Entwicklung, in der Auschwitz zunächst ins Zentrum des Blicks auf den Nationalsozialismus und schließlich des 20. Jahrhunderts gerückt war, hatte sich hier jedoch die Erkenntnis durchgesetzt, dass die Prinzipien des Westens – von der westlichen Demokratie über den Liberalismus bis hin zum Begriff des Individuums –, bei aller Widersprüchlichkeit

---

102 Vgl. zu den innerlinken Auseinandersetzungen dieser Zeit und zum Folgenden Gerber: Nie wieder Deutschland?, 141–172, 292–301.

und Kritik gegen das Schlimmere verteidigt werden müssen: gegen Faschismus, Nationalsozialismus und Islamismus, der spätestens seit dem Beginn des neuen Jahrtausends zu einer weltweiten Bedrohung wurde.

Epilog

»Nie wieder Deutschland«: Das allerletzte Gefecht

»Nie wieder Deutschland!« – Unter diesem Motto fanden sich am 12. Mai 1990 rund 20.000 Menschen auf dem Frankfurter Opernplatz zusammen, um gegen die deutsche Wiedervereinigung zu protestieren. Vom Plakat, mit dem zu dieser Demonstration mobilisiert wurde, blickte Marlene Dietrich; neben ihren Kopf war die Formel »Deutschland? Nie wieder!« montiert worden. Mit diesem Ausspruch soll die Schauspielerin 1944/45, bei einer Tour zur Betreuung amerikanischer Soldaten, auf die Frage eines Journalisten reagiert haben, ob sie nach dem Krieg nach Deutschland zurückkehren wolle. Als Dietrich mehr als vierzig Jahre später von ihrer Vereinnahmung durch die Organisatoren der Frankfurter Demonstration erfuhr, klagte sie zunächst gegen die presserechtlich verantwortliche Jutta Ditfurth. Nach einem Gespräch mit der damaligen Grünen-Politikerin zog sie ihre Klage jedoch wieder zurück.

Der Frankfurter Demonstrationszug war Ausdruck eines ungewohnten Konsenses innerhalb der außerparlamentarischen Linken. Maoisten, die noch in den Achtzigern die Wiedervereinigung gefordert hatten, protestierten einträchtig neben Sowjetmarxisten, linke Gewerkschafter liefen neben Autonomen und Pazifisten neben Freunden des »bewaffneten Kampfs«. Am Fronttransparent promenierte eine ganze Kohorte grüner Politiker, darunter Angelika Beer und Claudia Roth, die spätere Vizepräsidentin des Deutschen Bundestags. Gemeinsam skandierte man eine Parole, die seitdem von keiner »antideutschen« Demonstration mehr wegzudenken ist: »Nie, nie, nie wieder Deutschland!« Die Marxistische Gruppe (MG), das damalige Enfant terrible der deutschen Linken, stellte spöttisch fest, dass »so ziemlich die komplette westdeutsche Linke« zur Demonstration mobilisiert hatte.[103]

Der zentrale Organisator der Proteste war jedoch die Sammlungsinitiative Radikale Linke (RL). Der Zusammenschluss, der im April 1989 als Sammelbecken für enttäuschte Grüne um das Doppelgespann Thomas Ebermann und Rainer Trampert, DKP-Mitglieder, undogmatische Linke und K-Gruppen-Sprengsel gegründet worden war, warf bei seinem vierten Treffen im Januar 1990 kurzerhand die Tagesordnung um und beschloss, eine Kampagne gegen die Vereinigung der beiden deutschen Staaten zu starten. Die *Konkret* leistete Aufbauhilfe.

Mit der ungewohnten Einheit, die bei der Frankfurter Demonstration zelebriert wurde, war es jedoch bald vorbei. Als die Radikale Linke ein halbes Jahr später, im November 1990, unter dem Motto »Der Tod ist ein Meister aus Deutschland« nach Berlin mobilisierte, folgten dem Aufruf nur noch 10.000 Leute. Auch wenn diese Größenordnung nach heutigen Maßstäben kaum vorstellbar ist, hatte sich die Teilnehmerzahl im Vergleich zur Frankfurter Demonstration halbiert. Das Bündnis, das nach Berlin mobilisierte, war ebenfalls nicht mehr so breit wie in Frankfurt. Die Autonomen hatten schon im unmittelbaren Kontext des 3. Oktobers, des »Tags der deutschen Einheit«, zu einer Aktionswoche nach Berlin aufgerufen; marxistisch-leninistische Organisationen tauchten auf der Unterstützerliste nur noch vereinzelt auf.

Nach dem Misserfolg von Berlin initiierte die Radikale Linke noch eine Boykottkampagne gegen die ersten gesamtdeutschen Bundestagswahlen im Dezember 1990. Mit dem Motto »Reichs-

103 O.A.: Einwände gegen den Aufruf zur Demonstration »Nie wieder Deutschland«, in: MSZ 3/1990.

tagswahlen – ohne uns! Keine Stimme für Deutschland!« sollte die grundsätzliche Ablehnung der Wiedervereinigung zum Ausdruck gebracht werden. Die Kampagne, die nicht unumstritten war, weil ein großer Teil der außerparlamentarischen Linken enorme Hoffnungen in die neu auf der Bildfläche West erscheinenden SED-Nachfolger von der PDS setzte, konnte den Niedergang des Zusammenschlusses jedoch nicht aufhalten. Eine für November 1991 angekündigte Konferenz, bei der die Bilanz von »Ein Jahr Großdeutschland«, so der Arbeitstitel, gezogen werden sollte, fand schon nicht mehr statt. Die Radikale Linke, die aufgrund ihrer Gründung im unmittelbaren Vorfeld des Mauerfalls und ihres noch nicht ausbuchstabierten Selbstverständnisses zum zentralen Träger der Proteste gegen die Wiedervereinigung werden konnte, zerbrach im Verlauf des Jahrs 1991.

Der Einbruch der Teilnehmerzahlen bei der Berliner RL-Demonstration im November 1990 ging nicht zuletzt auf den organisatorischen Verfall der außerparlamentarischen Linken zurück. Als Jan Philipp Reemtsma kurz darauf in der *Konkret* erklärte, dass die Linke nicht mehr existiere,[104] übertrieb er sicherlich. Dennoch war die außerparlamentarische Bewegung, von der der Mäzen des Hamburger Instituts für Sozialforschung in erster Linie sprach, 1989 in eine der größten Krisen ihrer Geschichte geraten. Mit dem Fall der Mauer, der Wiedervereinigung und dem Ende des Kalten Kriegs beschleunigte sich ihr lange vor 1989 begonnener Niedergang. Organisationen, die zum Teil mehr als zwanzig Jahre existiert hatten, zerbrachen; die Aktivitäten und Diskussionen des Rests waren von Desorientierung geprägt und wurden jenseits der immer kleiner werdenden Partei- oder Szeneöffentlichkeit kaum noch wahrgenommen.

---

104 Reemtsma: … the bad and the ugly.

Abgesehen von der Einstellung der finanziellen Unterstützung aus Ostberlin, von der insbesondere die DDR-nahen Organisationen profitiert hatten, ging dieser allgemeine Verfall vor allem auf das Verschwinden der ideologischen Orientierungspunkte zurück, auf die sich die Linke bis dahin bezogen hatte. Mit dem Untergang des Ostblocks zeigten die welthistorischen, vergangenheitspolitischen und globalpolitischen Grundlagen des eigenen Hantierens, die lange Zeit als quasinatürlich erschienen waren, endgültig ihren historisch vergänglichen Charakter. Die Begriffe Revolution, Antifaschismus und Antiimperialismus verloren ihre Geltungskraft.

Dieses Verschwinden der bisherigen ideologischen Bezugsgrößen war jedoch nicht der einzige Grund für die nachlassende Mobilisierungsfähigkeit der Initiative Radikale Linke des Jahrs 1990. Schon die Reden, die bei der Frankfurter »Nie-wieder-Deutschland«-Demonstration gehalten wurden, hatten darauf hingedeutet, dass die Teilnehmer die Wiedervereinigung aus unterschiedlichen Gründen ablehnten. Bereits einige Monate vor den Protesten, im unmittelbaren Kontext der Fluchtwelle aus der DDR und der Leipziger Montagsdemonstrationen, war eine neue innerlinke Konfliktlinie entstanden, die sich quer durch Organisationen, Gruppen und Strömungen zog. Die einzige weltanschauliche Gemeinsamkeit der Demonstranten war skurrilerweise, wie ein Beteiligter erklärte, der Antiimperialismus: »Alle anderen Motivationen, an der Demonstration teilzunehmen, lösen mehr oder weniger starke Kontroversen aus …« [105]

Aber auch in Sachen Antiimperialismus gab es Differenzen. Die Mehrheit der Frankfurter Redner betonte vor allem die wirtschaft-

105 De. [Detlef zum Winkel]: Nie wieder Deutschland. Kommt zur Demonstration am 12. Mai nach Frankfurt, in: AK 318/1990.

lichen und sozialen Folgen der Einheit.[106] Der Zusammenschluss der beiden deutschen Staaten wurde in erster Linie als Ausbreitung der Marktwirtschaft – im damaligen Jargon: des »BRD-Imperialismus« – nach Osten kritisiert. Das eigene Engagement wurde als Verteidigung des Selbstbestimmungsrechts der Völker, genauer der Ostdeutschen, begriffen, die als Opfer einer hinterhältigen Intrige des westdeutschen Monopolkapitals betrachtet wurden. Diese Position fand auch auf dem Mobilisierungsplakat der Frankfurter Demonstration ihren Niederschlag: So war unter dem Porträt Marlene Dietrichs nicht nur das Motto »Nie wieder Deutschland!« zu lesen, sondern auch die Parole »Gegen die Annexion der DDR«. Die Rede von einer Kolonisierung Ostdeutschlands, die sich bald nicht nur in der PDS, sondern auch bei einem großen Teil der Westlinken enormer Beliebtheit erfreute, hat hier ihren Ursprung.

Eine lautstarke Minderheit, für die sich in Anlehnung an einen Anfang 1990 erschienenen Artikel Jürgen Elsässers (»Weshalb die Linke anti-deutsch sein muss«)[107] bald der Markenname »anti-deutsch« durchsetzte, sah mit der Wiedervereinigung hingegen ein »Viertes Reich« auf den Plan treten. Die Vereinigung der beiden deutschen Staaten wurde nicht einfach als Ausdehnung der Marktwirtschaft nach Osten, sondern als Wiederkehr der Vergangenheit begriffen. Deutschland bewege sich, wie Elsässer in seinem damals richtungsweisenden Text formulierte, aus dem »Schatten Hitlers« heraus und schüttele eine geographische und politische

---

106 Vgl. den Dokumentenanhang in: Radikale Linke (Hg.): »Deutschland? Nie wieder!« Kongress der Radikalen Linken. Reden und Diskussionsbeiträge zum Kongress an Pfingsten 1990 und auf der Demo »Nie wieder Deutschland« am 12.5.1990 in Frankfurt am Main, Frankfurt/M. 1990.

107 Jürgen [Elsässer], Stuttgart: Weshalb die Linke anti-deutsch sein muss, in: AK 315/1990.

Begrenzung ab, die »sein expansionistisches und vielleicht sogar faschistisches Potential« in den vorangegangenen vierzig Jahren gebändigt habe. Außenpolitisch, so hatte das Leitende Gremium des Kommunistischen Bunds, dem Elsässer seinerzeit angehörte, in einer ebenfalls stilbildenden Erklärung schon im Dezember 1989 formuliert, wachse durch den Anschluss der DDR an die Bundesrepublik die »Kriegsgefahr«, innenpolitisch drohe eine »Rechtsverschiebung«.[108]

Die Rede von einer Wiederkehr der Vergangenheit war nicht neu. Insbesondere im Kommunistischen Bund, dessen Minderheitsfraktion einen großen Anteil an der Herausbildung »antideutscher« Positionen hatte, war die sogenannte Faschisierungsthese seit den Siebzigern Kernbestandteil des eigenen Selbstverständnisses. Im Unterschied zur linken Mehrheitsmeinung aus der Zeit des Kalten Kriegs wurde unter dieser »Faschisierung« ab 1989 jedoch nicht mehr, wie in den beiden Jahrzehnten zuvor, die forcierte Einhegung widerständiger Proletarier begriffen. Auch der historische Faschismus erschien nicht mehr nur als Veranstaltung der Bosse zur Zerschlagung von KPD, SPD und Gewerkschaften. Stattdessen wurde in Anspielung auf Hannah Arendts Analyse totaler Herrschaft sowohl in Bezug auf den Nationalsozialismus als auch mit Blick auf das im Wiedervereinigungstaumel befindliche Deutschland von einem »Bündnis von Mob und Elite« gesprochen.

In gewisser Analogie zu Arendt wurde dieses Bündnis zunächst auch weiterhin dem Imperialismus zugeordnet. Der Antiimperialismus blieb vorerst positive Bezugsgröße. Er wurde allerdings vom Selbstbestimmungsrecht der Völker, mit dem er seit seiner Entdeckung durch die Bolschewiki des frühen 20. Jahrhunderts

108 LG: Denk ich an Deutschland in der Nacht, bin ich um den Schlaf gebracht, in: AK 313/1989.

eine Einheit gebildet hatte, abgetrennt. Die grüne Bundestagsabgeordnete Sieglinde (»Siggi«) Frieß, die auch bei der Radikalen Linken aktiv war, brachte diese Loslösung in ihrer Rede bei der Frankfurter Demonstration auf eine vielzitierte Formel: »Wir wollen kein Selbstbestimmungsrecht der Deutschen, denn es ist das Selbstbestimmungsrecht von Imperialisten!«[109] Der traditionelle Antiimperialismus sollte mit der Kritik volksgemeinschaftlicher Zustände verbunden und gegen Deutschland gerichtet werden.

Beide Fraktionen der Einheitsgegner konnten sich in ihren Redebeiträgen guten Gewissens auf die Empirie des bereits begonnenen Wiedervereinigungsprozesses berufen: Die soziale Dimension der Einheit zeichnete sich durch die ersten Betriebsschließungen und Massenkündigungen in der DDR ab; die nationalen Kontinuitätsfäden wurden etwa von den Neonazihorden aufgegriffen, die die Leipziger Montagsdemonstrationen bald anführten. Auch die offiziellen Repräsentanten des Landes zeigten sich wenig zimperlich: Bundeskanzler Helmut Kohl weigerte sich seit Ende 1989 über mehrere Monate hinweg, die polnische Westgrenze im Fall einer Wiedervereinigung anzuerkennen. Als Termin für die Einheit war zudem lange Zeit der 9. November im Gespräch, womit die Erinnerung an die Pogromnacht von 1938 ganz offiziell in den Schatten des Mauerfalls gerückt worden wäre. Kurz, der Zusammenbruch des Ostblocks und der Untergang der DDR führten nach den langen Jahren, in denen sich die Bundesrepublik weniger national als durch politische und gesellschaftliche Werte definiert hatte, zur Wiederaufnahme von Traditionslinien der deutschen Geschichte.[110]

---

109 Siggi Frieß: Rede auf der Demonstration am 12. Mai, in: Radikale Linke (Hg.): »Deutschland? Nie wieder!«, 261.

110 Diner: Der Krieg der Erinnerungen, 51 ff.

Dennoch ging diese Reaktivierung nationaler Traditionsbestände weder in der Parole vom »Vierten Reich« auf, noch war sie, wie »Autonome AntiimperialistInnen« in einem Flugblatt zur Frankfurter Demonstration kundtaten, lediglich ein Mittel »der Herrschenden«, um von den sozialen Folgen der Einheit abzulenken.[111] Die beiden gegensätzlichen Positionen zur Wiedervereinigung gingen nicht allein auf die konkrete Situation in der DDR und der Bundesrepublik, sondern auch auf unterschiedliche Vorstellungen von der Ursache und vom symbolischen Gehalt der deutschen Teilung zurück. Wenn Jahreszahlen symbolische Bedeutung haben, dann war – auch wenn es weder offen ausgesprochen noch en détail reflektiert wurde – die zentrale historische Referenzgröße der späteren »Antideutschen« das Jahr 1941, in dem sowohl die Anti-Hitler-Koalition geschlossen wurde als auch der Massenmord an den europäischen Juden begann.

Dieser Bezugspunkt war neu. Auch wenn die Nazivergangenheit in der Zeit des Kalten Kriegs oft von linker Seite thematisiert worden war, hatten die einschlägigen Stellungnahmen und Parolen weniger mit dem historischen Nationalsozialismus als mit dem Ost-West-Konflikt zu tun. Der Zweite Weltkrieg erschien großen Teilen der Protestbewegung nicht als Auseinandersetzung, die angesichts des Versagens traditioneller politischer Kategorien vor der Wirklichkeit des Nationalsozialismus aus dem Schema »Fortschritt versus Reaktion« herausfiel, sondern er wurde (ebenso wie in der DDR) in diese Schablone eingepasst. Die teils realen, teils fiktiven Frontlinien des Kalten Kriegs – Kapitalismus versus Sozialismus, Bourgeoisie versus Proletariat usw. – wurden kurzerhand in den Zweiten Weltkrieg zurückverlängert.

---

111 Autonome AntiimperialistInnen Frankfurt/M.: Nie wieder Deutschland! [Flugblatt, Frankfurt/M. 1990]

So war es für Linke am Jahrestag der Befreiung vom Nationalsozialismus durchaus üblich, sowjetische Fahnen zu schwenken. Auf die Idee, auch das amerikanische Star-Spangled Banner oder den britischen Union Jack zu zeigen, unter denen Hunderttausende im Kampf für die Befreiung von der Naziherrschaft ihr Leben gelassen hatten, wäre aufgrund der Überformung des Zweiten Weltkriegs durch den Ost-West-Konflikt jedoch niemand gekommen. Weil das Land der Oktoberrevolution aller Kritik zum Trotz in den aktuellen Kämpfen dem eigenen politischen Lager zugeordnet wurde, schrieb ihm die Linke die Moskauer Prozesse und den Gulag entweder gut oder behandelte sie als Entartung, die dem Wesen des Sowjetregimes realiter widersprochen hätte. Das amerikanische Massaker im vietnamesischen My Lai 1968 wurde hingegen ebenso wie das Nazi-Blutbad im tschechischen Lidice 1942 als authentischer Ausdruck des »strukturell« mit Faschismus und Nationalsozialismus gleichgesetzten Kapitalismus interpretiert.

Für den Holocaust war in diesem Schema kein Platz. Wer sich im linken Blätterwald der Sechziger umsieht, wird feststellen, dass die beliebte Rede von der Politisierung der APO-Generation durch Auschwitz ein Mythos ist. Es dürfte allenfalls eine Minderheit gewesen sein, die sich der Protestbewegung aufgrund des Erschreckens über den Massenmord anschloss. So kam die große Bibliographie, die Rudi Dutschke 1967 für den SDS erstellte, wie selbstverständlich ohne einen einzigen Titel über die Vernichtung der europäischen Juden aus. In den wichtigsten Theorieblättern der Zeit (*Das Argument*, *Neue Kritik*, *Kursbuch*) war Auschwitz ebenfalls nicht oder nur am Rande präsent. Hierfür war zweifellos auch der Unwillen der Generation von '68 verantwortlich, sich mit dem Ereignis auseinanderzusetzen, das nicht nur die Bindung an die Nation denunzierte,[112]

112 Vgl. hierzu den Essay »Deutschlandsuche« im Anhang.

sondern auch die eigenen weltanschaulichen Grundannahmen – den Glauben an einen Zusammenhang von Fortschritt, Geschichte und Vernunft – dementiert hatte.

Es gab jedoch auch objektive historische Gründe dafür, dass die Tragweite des Holocaust der Linken (und nicht nur ihr) zunächst verschlossen blieb:[113] Die ahnende Erkenntnis über die Monstrosität der Judenvernichtung, die in den Jahren des antifaschistischen Exils und in der unmittelbaren Nachkriegszeit aufgeblitzt war, hatte sich schon mit dem Beginn des Kalten Kriegs 1947/48 wieder verflüchtigt. Der Ost-West-Konflikt war so übermächtig, dass die Erinnerung an den Holocaust schon wieder neutralisiert war, bevor das Ereignis überhaupt einen Namen hatte. Die Hürden, die Auschwitz dem Denken schon aus sich selbst heraus bereitet, taten ein Übriges. Vor allem die drohende Erledigung der Menschheit durch einen Atomkrieg der Supermächte, der im Unterschied zur Zeit der deutschen Atomparanoia der frühen Achtziger während des Koreakriegs oder der Kubakrise 1962 tatsächlich drohte, schob sich vor den Holocaust. Wer kein Morgen hat, setzt sich nicht mit der Vergangenheit auseinander, sondern höchstens mit der Gegenwart.

Schon im Zuge der Entspannungspolitik zwischen Ost und West wurde der Schleier, der sich über die Vergangenheit gelegt hatte, durchlässig. Seit den Siebzigern bewegte sich der Holocaust aus den Banlieues der Erinnerung an den Zweiten Weltkrieg zaghaft in ihr Zentrum. Die Rede vom »Zivilisationsbruch« (Dan Diner), die nicht umsonst erst in den Achtzigern aufkam, war ebenso Ausdruck dieser Entwicklung wie die vergangenheitspolitische Unruhe, die von den publizistischen Interventionen Wolfgang Pohrts und Eike Geisels in diesem Jahrzehnt gestiftet

113 Zum Folgenden vgl. Jan Gerber: Saving Jean Améry. Jean Améry gegen seine Liebhaber verteidigt, in: Bahamas 67/2013.

wurde.[114] Aber erst als der Kalte Krieg das Zeitliche segnete und die deutsche Wiedervereinigung absehbar wurde, wurde der Schleier vollends gelüftet. Das Ende des Ost-West-Konflikts gab den Blick auf seine Vorgeschichte frei. In dieser Zeit begann sich auch einem nennenswerten Teil der Linken zu erschließen, in welchem Land er überhaupt lebte.

Die Erkenntnisschübe, die in diesen Jahren einsetzten, wiesen bezeichnenderweise Ähnlichkeiten mit denen auf, die einige Intellektuelle während des antifaschistischen Exils und in der unmittelbaren Nachkriegszeit erfahren hatten. Einige Artikel, die nach 1989 in der *Konkret* oder im *Arbeiterkampf* (AK), dem für die damalige Debatte wichtigen Zentralorgan des Kommunistischen Bunds, erschienen, erinnern in ihrem Bemühen, den marxistisch-leninistischen Jargon mit den neuen Erkenntnissen über den Holocaust und die Volksgemeinschaft zu verbinden, zum Teil bis in den Wortlaut hinein an Texte, die im mexikanischen KPD-Exil um Paul Merker oder im Verlagsprogramm der sozialdemokratischen Emigrantengruppe Fight for Freedom im London der frühen Vierziger entstanden waren.[115] Sie vergegenwärtigten die damaligen Versuche, die Kategorien des Marxismus der Zweiten und Dritten Internationale mit dem Wissen um Auschwitz zu vermitteln, mit der Ahnung also, dass diese Kategorien durch die Geschichte beschädigt worden waren. Die linke Diskussion über die Volksgemeinschaft und den Holocaust, die mit dem Ende des Kalten Kriegs auf breiter Ebene einsetzte, war, mit anderen Worten, die Fortsetzung einer Debatte, die in den Vierzigern

---

114 Die Edition Tiamat hat diese Texte wieder zugänglich gemacht: Wolfgang Pohrt: Werke, Berlin 2018 ff.; Eike Geisel: Die Wiedergutwerdung der Deutschen. Essays und Polemiken, Berlin 2015; ders.: Die Gleichschaltung der Erinnerung. Kommentare zur Zeit, Berlin 2019.

115 Vgl. Geyer, Loeb u. a.: Fight for Freedom.

abgebrochen worden war, weil der Kalte Krieg andere Fragen auf die Tagesordnung gesetzt hatte.

Die exzessiven Warnungen, die nach 1989 vor einem »Vierten Reich«, vor »Kriegsgefahr«, »Großdeutschland«, einem »dritten Griff nach der Weltmacht« oder dem »nationalsozialistischen Gang«, den Deutschland wieder eingeschlagen habe,[116] ausgestoßen wurden, verdeutlichten jedoch die Fallstricke dieser nachholenden Erkenntnis. So waren der Nationalsozialismus und der Holocaust nicht nur die historische Folie, auf der das Ende des Kalten Kriegs und die Wiedervereinigung bewertet wurden. Jürgen Elsässer, Sieglinde Frieß, *Konkret*-Herausgeber Hermann L. Gremliza und viele andere übten sich stattdessen in begriffsloser Analogiebildung. Selbst die Strategien, mit deren Hilfe sie gegen die deutsche Einheit vorgehen wollten, waren an die Nazizeit zurückgekoppelt. Bei einem Vorbereitungstreffen für die Frankfurter »Nie-wieder-Deutschland«-Demonstration wurde in Anlehnung an die Kongress- und Komitee-Politik Willi Münzenbergs aus der Zwischenkriegszeit beschlossen, ein Europäisches Komitee gegen die Wiedervereinigung zu gründen. Der Gründungsaufruf, der allerdings nie zustande kam, sollte von Prominenten aus den Ländern unterschrieben werden, die im Zweiten Weltkrieg von deutschen Truppen besetzt waren.[117]

---

116 Aufruf für eine Demonstration am 12. Mai 1990 in Frankfurt, in: Radikale Linke (Hg.): »Deutschland? Nie wieder!«, 237; LG: Denk ich an Deutschland in der Nacht; Michael Wilk, Susanne Schröter: Wir werden ihnen die reaktionäre Suppe versalzen!, in: Radikale Linke (Hg.): »Deutschland? Nie wieder!«, 264; Georg Fülberth: Podiumsbeitrag [1993], in: Boris Gröndahl, Wolfgang Schneider (Hgg.): Was tun? Über Bedingungen und Möglichkeiten linker Politik und Gesellschaftskritik. Der Konkret-Kongress, Hamburg 1994, 53; de. [Detlef zum Winkel]: Liebe deinen Zoni wie dich selbst, in: AK 310/1989.

117 Matthias Arndt: In der vierten Runde den Gegner gewechselt. Bericht vom 4. Treffen der RL, 20./21. Januar in Köln, in: Demokratische

Andere Wiedervereinigungsgegner bemühten sich darum, die historischen Bündnispartner der Jahre 1941 bis 1945 zu reaktivieren. Im Umfeld der Radikalen Linken wurde vorgeschlagen, einen offenen Brief westeuropäischer Parlamentarier an den sowjetischen Parteichef Michail Gorbatschow zu lancieren, in dem er darauf hingewiesen werden sollte, dass sich der »antifaschistische Kampf gegen Deutschland« in der Vergangenheit besser bewährt habe »als Appeasement-Vereinbarungen und Nicht-Angriffs-Pakte«.[118]

Im Kommunistischen Bund wurde schließlich sogar der absurde Vorschlag zur Diskussion gestellt, die »Anti-Hitler-Koalition«, die bekanntermaßen mehr als vierzig Jahre zuvor zerfallen war, dazu aufzufordern, ihre Truppen in beiden deutschen Staaten zu verstärken. Nur eine »Vollbremsung der Alliierten«, so das Argument, könne den Durchbruch des deutschen Imperialismus zu einem »Vierten Reich« noch verhindern.[119]

Wolfgang Pohrt verglich sein Denken aus dieser Zeit später selbstkritisch mit den von Marx geschilderten Selbsttäuschungen bei der Aufführung neuer weltgeschichtlicher Szenen: »Im 18. Brumaire gibt es die schöne Stelle, wo Marx die notwendigen Irrtümer bei der Einschätzung aktueller Umbrüche beschreibt. Also kann man sich mit der Idee trösten, es wäre einem wie den Bürgern gegangen, die sich 1789 als Römer missverstanden. Ich jedenfalls habe damals 1989 ff. in den Kategorien von 1933 interpretiert – ich hatte keine anderen.«[120]

Sozialisten (Hg.): Der Stachel. Der aktuelle Reader, 2., überarbeitete Aufl., Braunschweig 1990, 9.

118 Jürgen [Elsässer], Stuttgart: Die Demonstration am 10. November als nächstes anti-deutsches Etappenziel, in: AK 320/1990.

119 Vgl. Kt. [Knut Mellenthin]: Betr. LG-Erklärung zur »deutschen Frage«, in: AK 314/1990.

120 Wolfgang Pohrt: FAQ, Berlin 2004, 29.

Tatsächlich schienen die Schlagworte und Gebrauchsanleitungen der Dreißiger und frühen Vierziger jene Orientierungssicherheit zu verschaffen, die der Linken durch die Entwertung ihres bisherigen Kategoriensystems 1989 abhanden gekommen war. Aber auch in anderer Hinsicht half die Parole vom »Vierten Reich« dabei, über die beispiellose Niederlage dieser Zeit hinwegzukommen. So ist keine Ausbildung zum Psychoanalytiker nötig, um hinter den geradezu obsessiven Warnungen vor einer Wiederkehr der Vergangenheit nicht nur Angst, sondern auch eine Wunschvorstellung erkennen zu können. Jenseits aller nicht unberechtigten Besorgnis konnte der linke Fall in die Belanglosigkeit, der sich mit dem Zusammenbruch der alten Weltordnung beschleunigt hatte, durch die Rede von einem neuen Nationalsozialismus kompensiert werden: Lieber die marginalisierte Linke einer faschistischen Weltmacht sein als vollkommen bedeutungslos.

Andere dürften wiederum von jenen kontraphobischen Motiven angetrieben worden sein, ohne die auch der nachholende Antifaschismus hierzulande nie auskam:[121] Weil das offene Bekenntnis zum Nationalsozialismus tabuisiert war, suchte man unter negativen Vorzeichen Nähe.

Auf solche verborgenen Wunschvorstellungen dürfte nicht zuletzt auch die große Wandlung zurückzuführen sein, die der langjährige »antideutsche« Stichwortgeber Jürgen Elsässer Anfang der Zweitausender vom »Vaterlandsfeind« (Elsässer über Elsässer) zum Nationalbolschewisten vollzog.[122] Die heimliche Begeisterung für

---

121 Vgl. hierzu insgesamt Dan Diner: Kontraphobisch. Über Engführungen des Politischen, in: ders.: Kreisläufe, 102–107.

122 Jürgen Elsässer schied nach Differenzen in der Bewertung des Irakkriegs Anfang der Zweitausender aus der Redaktion von *Konkret* aus. 2009 trennte sich selbst das ehemalige SED-Zentralorgan *Neues Deutschland*, wo er seit seinem Weggang von *Konkret* regelmäßig schreiben durfte,

volksgemeinschaftliche Zustände, den Abschied vom Gestern und ein militärisch schlagkräftiges Deutschland, die aus einigen seiner Texte der frühen Neunziger spricht, wurde in dem Moment zur offenen Apologie, als auch dem Letzten klar wurde, dass eine solche Entwicklung gerade nicht ansteht. Seither tritt Elsässer direkt für das ein, was er bis dahin nur ex negativo herbeiredete. An seiner Vorliebe für große Staatenbündnisse, die er in den Neunzigern unter »antideutschem« Vorzeichen entwarf, konnte er hierbei ebenso festhalten wie am Antiimperialismus. Beides musste nur wieder von der Kritik an Deutschland abgetrennt werden.

Im Unterschied zu den radikalen Einheitsgegnern um die *Konkret* oder die Minderheitsfraktion des Kommunistischen Bunds bemühte sich die Mehrheit der Frankfurter Demonstranten vom Mai 1990 hingegen darum, die Überzeugungen des Kalten Kriegs in die neue Zeit hinüberzuretten. Ihr zentraler historischer Bezugspunkt war nicht 1941, sondern das Jahr 1961, das aufgrund des Mauerbaus zu den Höhepunkten des Ost-West-Konflikts gehörte. Die deutsche Teilung und die Mauer wurden, mit anderen Worten, vor allem als Ausdruck des Kalten Kriegs begriffen.[123]

Diese Deutung war nicht ganz falsch. Zwar hatten sich die »Großen Drei«, der britische Premier Winston Churchill, der sowjetische Diktator Josef Stalin und der amerikanische Präsident Franklin D. Roosevelt, im November 1943 in Teheran aus Angst vor einer erneuten Aggression auf die Zerstückelung Deutschlands

---

von ihm. Seit 2010 ist er Chefredakteur des Magazins *Compact*, das rechtspopulistischen, nationalbolschewistischen und verschwörungstheoretischen Positionen ein Forum bietet.

123 Exemplarisch: Kai [Ehlers]: Betrifft: LG-Erklärung. Warum ich die Erklärung nicht mittrage, in: AK 314/1990; MLPD: Wie der Sozialismus verraten wurde. Der reale bürokratische Kapitalismus in der Honecker-Ära, Essen 1990, 5.

verständigt. Schon bei der Potsdamer Konferenz im Sommer 1945 war das Interesse an dieser Lösung jedoch geringer geworden. Die dort beschlossene Aufteilung Deutschlands in Besatzungszonen ging bereits weniger auf die Sorge vor einem wiedererstarkenden Deutschland als auf Differenzen in der Reparationsfrage zurück: Durch die Aufgliederung in Sektoren konnten die einzelnen Alliierten die Frage der Wiedergutmachung nun so handhaben, wie sie es für richtig hielten. Dass aus den vier Zonen bald zwei verfeindete Staaten hervorgingen, war in erster Linie ein Resultat der Konflikte, die schon in den letzten Kriegsmonaten zwischen den Vereinigten Staaten und der Sowjetunion entstanden waren und bald in den Ost-West-Konflikt münden sollten.

Dennoch waren die Hinweise auf die Gründung der Bundesrepublik und der DDR aus dem Geist des Kalten Kriegs weniger dem Drang nach historischer Genauigkeit als dem Bedürfnis geschuldet, nicht über den Nationalsozialismus nachdenken zu müssen. Dafür spricht zumindest die Unbekümmertheit, mit der die auch von vielen Opfern des »Dritten Reichs« geteilte Sorge vor einer Wiederkehr der Vergangenheit vom Tisch gefegt und beispielsweise als »rein moralisch begründeter Antifaschismus« denunziert wurde.[124] Unter Verweis auf die Entstehung der beiden deutschen Staaten im Kontext des aufziehenden Kalten Kriegs konnten sich die ausschließlich kapitalismuskritisch argumentierenden Einheitsgegner den Erkenntnissen über den Charakter des Nationalsozialismus verweigern, die die Linke – abgesehen von einigen Vorläufern in den Achtzigern – in dieser Zeit mit erheblicher Verspätung erreichten. Die Phase der Selbstkritik, die kurz nach dem Mauerfall fraktionsübergreifend ausgerufen wurde, war insofern nicht von langer Dauer. Je deutlicher die

124 Exemplarisch Kai [Ehlers]: Antifaschistische Moral statt Politik? Über die Notwendigkeit, den eigenen Kopf zu gebrauchen, in: AK 315/1990.

Schablonen des Kalten Kriegs ihre Realitätsuntauglichkeit offenbarten, umso vehementer hielt die Mehrheitslinke an ihnen fest.

Die Begriffe und Kategorien des Ost-West-Konflikts verändern sich jedoch durch sein Ende. So verschaffte sich nach dem Untergang der Sowjetunion eine Tendenz Geltung, die schon seit den Siebzigern vorhanden war. Bereits seit dem Ende des »roten Jahrzehnts« (Gerd Koenen) hatten zahllose Westlinke in den Auseinandersetzungen im Trikont nicht mehr von der Positionierung der Sowjetunion auf den Charakter ihrer Gegenpartei geschlossen, sondern waren umgekehrt verfahren. Während die Rhetorik der trikontinentalen Befreiungsbewegungen Mitte der Sechziger noch eine gewisse Rolle für die linke Positionierung gespielt zu haben scheint, genügte zehn Jahre später oft schon der Verweis auf die Verteidigung der eigenen Kultur gegen amerikanische Einflüsse als Impuls für Solidaritätsbekundungen.

Die Orientierung an diesem Schema wurde mit dem Untergang der Sowjetunion zum Dauerzustand. Wer nach dem Zusammenbruch des Realsozialismus an den Schablonen des Ost-West-Konflikts festhalten wollte, machte seine eigene Position von der Beteiligung Amerikas abhängig. So befand sich der Teil der Linken, der den Kalten Krieg über sein Ende hinaus simulierte, regelmäßig an der Seite von Mächten, gegen die einige der Regimes, die früher zu Recht die Empörung der Linken auf sich gezogen hatten, harmlos erscheinen.

Das zeigte sich erstmals während des Zweiten Golfkriegs, der sich zur selben Zeit abzeichnete, in der die Vorbereitungen für die Novemberdemonstration der Radikalen Linken in Berlin auf Hochtouren liefen. Während sich ein Teil der Linken angesichts der antisemitischen Vernichtungsdrohungen des irakischen Diktators Saddam Hussein erstmals aufseiten Israels positionierte, den Krieg begrüßte und teilweise vom »antideutschen« Antiimperialismus zur Kritik des antiimperialistischen Weltbilds überging, verfuhr die Mehrheit nach gewohntem Schema. Sie griff auf die Vietnamkriegsperspektive zurück und sah sich damit plötzlich in einem ideellen Bündnis mit einer der brutalsten Diktaturen des Nahen Ostens.

Aber auch viele derjenigen, die bald als »Antideutsche« bezeichnet wurden, verfuhren nach dem gleichen Muster. Eine Redaktionsgruppe der Radikalen Linken gab eine Flugschrift heraus, die randvoll mit den antizionistischen und antiamerikanischen Klischees des Kalten Kriegs war: Die amerikanische Politik wurde mit der des Nationalsozialismus verglichen, Israel wurde trotz gelegentlicher Kritik an der Friedensbewegung als »neokolonial« und »rassistisch« bezeichnet.[125]

---

125 Redaktionsgruppe der RL: Universelle Zivilität gegen arabische Nation. Linkes Coming out für den Krieg, in: Flugschrift Radikale Linke, März 1991; dies.: Krieg, um Schlimmeres zu verhindern?, in: ebd. Stichwort Kolonialismus: Die Verhältnisse in Israel lassen sich nur schwerlich nach dem Muster des europäischen Kolonialismus deuten. So befand sich die zionistische Bewegung in den Vierzigern in einem Guerillakampf gegen die tatsächliche Kolonialmacht Großbritannien, die vermeintliche Kolonialbevölkerung wurde nicht ausgebeutet, sondern der Zionismus setzte auf die Selbstausbeutung der Einwanderer. Er hatte nicht einmal Verwendung für die arabische Bevölkerung. Zudem fehlte auch das Mutterland, in dessen Interesse und mit dessen Unterstützung die Kolonisierung stattfand. Der Vorwurf des Kolonialismus zielt letztlich darauf, die Anwesenheit der »Kolonialisten« zu denunzieren. Was stört, ist die Anwesenheit von Juden im Nahen Osten überhaupt. Im Unterschied zur Rede vom Kolonialismus war der Vorwurf des Rassismus zwar nicht ganz falsch: In Israel gab und gibt es zweifellos rassistische Alltagspraktiken. Das ist jedoch keine Spezifik des jüdischen Staats, sondern ein allgemeines Phänomen der warenproduzierenden Gesellschaft. Das mit der Aufklärung in die Welt gekommene Prinzip der allgemeinen Gleichheit zog nicht nur den Drang nach Gleichmachung, sondern auch nach Vergleichung nach sich, die zu den Ursachen des Rassismus gehören. Als die RL nur den Rassismus in Israel, nicht aber den im Irak, der gegen die einheimischen Kurden mit Waffengewalt vorging, thematisierte, wurde deutlich, dass es ihr nicht um eine Analyse der Situation im Nahen Osten, sondern um die Denunziation Israels ging.

All diese Konflikte über die Einschätzung des zukünftigen Deutschlands, den Blick auf die Vergangenheit und das Verhältnis zu Israel, von denen traditionsreiche Politgruppen bald ebenso zerfetzt wurden wie langjährige Freundschaften, steckten bei der Frankfurter »Nie-wieder-Deutschland«-Demonstration noch in den Kinderschuhen. Sie wurden zugleich von der allgemeinen Gegnerschaft zur Wiedervereinigung überlagert. Als im Verlauf des Jahrs 1990 absehbar wurde, dass der Prozess der deutschen Einheit weder aufgehalten noch verlangsamt werden kann, traten die Gegensätze offen zutage. Ein erheblicher Teil der Linken vollzog einen deutschlandpolitischen Kurswechsel und ging von der konsequenten Opposition zur Forderung nach kritischer Mitgestaltung der Einheit über.[126]

---

126 Nur zwei Wochen nach den Frankfurter Protesten erhob eine Parteikonferenz der DKP, die schon ab März 1990 auf Distanz zur vehementen Kritik der Wiedervereinigung gegangen war, die Frankfurter Demonstration jedoch trotzdem unterstützt hatte, die exemplarische Forderung, möglichst viele Errungenschaften der DDR ins vereinigte Deutschland hinüberzuretten. Ins Zentrum der Kritik rückte der Beschluss, den Einheitsprozess nicht als Neukonstituierung Deutschlands nach Artikel 146 Grundgesetz, sondern als Beitritt der DDR zum Territorium der Bundesrepublik nach Artikel 23 zu vollziehen. (DKP-Parteikonferenz: Die Vereinigung der beiden deutschen Staaten und die Politik der DKP. Politische Entschließung der DKP-Parteikonferenz am 24. Mai 1990, in: UZ, 1.6.1990) Im Kreis der Radikalen Linken hatten sich diese Differenzen schon in den Diskussionen darüber Geltung verschafft, wo die Nachfolgeveranstaltung der Frankfurter »Nie-wieder-Deutschland«-Demonstration stattfinden solle. Zwei Mitglieder des Kommunistischen Bunds hatten Leipzig, den Ausgangsort der Montagsdemonstrationen von 1989, ins Spiel gebracht, »weil sich dort das eine Volk konstituiert« habe. (Thomas Kieseritzky, Detlef zum Winkel: Was machen wir jetzt?, in: Konkret 7/1990) Der Vorschlag wurde jedoch abgewählt. Alle Versuche, die Stadt doch noch als Veranstaltungsort durchzusetzen, scheiterten an ausbleibenden Reaktionen linker Gruppen aus der DDR und der mangelnden Bereitschaft zahlreicher Westlinker, den Protest gegen die Wiedervereinigung weiter zuzuspitzen. Vor allem die Montagsdemonstrationen, zu

Als die strikten Gegner der Wiedervereinigung im November 1990 in Berlin aufschlugen, um an die Frankfurter Proteste vom Mai anzuknüpfen, hatte wenige Wochen zuvor dementsprechend schon eine inoffizielle Konkurrenzveranstaltung stattgefunden. Am 29. September 1990 waren 20.000 Menschen einem Aufruf ost- und westdeutscher Frauenverbände zu einer eigenen Demonstration in die einstige Viermächtestadt gefolgt. Während sich die Proteste der Radikalen Linken gegen die Wiedervereinigung als solche richten sollten, störten sich ihre Konkurrenten nur noch an der Art und Weise des Einheitsprozesses. Die Kritik, deren Ausgangspunkt zunächst der Abtreibungsparagraph 218 des Strafgesetzbuchs der Bundesrepublik war, galt in erster Linie dem Umstand, dass der Einheitsprozess »ohne Volksabstimmung«, »ohne Verfassungsdiskussion« und »ohne Eingriffsmöglichkeiten der Betroffenen« vollzogen werden sollte.[127] Die Differenzen, die bei den Frankfurter Protesten vom Mai 1990 noch in Herausbildung begriffen waren, ließen sich im November in Berlin schon nicht mehr kaschieren. Anders als oft behauptet, war die Frankfurter »Nie-wieder-Deutschland«-Demonstration damit weniger ein Neuanfang außerparlamentarischer Kritik in der Bundesrepublik. Sie war stattdessen die letzte große Manifestation, das »allerletzte Gefecht« (Wolfgang Pohrt),[128] der alten westdeutschen Linken.

---

denen sich die Befürworter der Leipzig-Option kritisch ins Verhältnis setzen wollten, waren noch immer eine positive Bezugsgröße.

127 Unabhängiger Frauenverband der DDR u. a.: Gegen die Einverleibung der DDR! [Aufruf zur Demonstration am 29.9.1990 in Berlin]

128 Wolfgang Pohrt: Das allerletzte Gefecht. Über den universellen Kapitalismus, den Kommunismus als Episode und die Menschheit als Amöbe, Berlin 2013.

Anhang I

Nach Weltuntergang. Auschwitz, die Linke und das Ende der Geschichte

Because my future ain't a-what it was
Well, I think I know the words that I mean
Buzzcocks

Kurz nach dem Fall der Berliner Mauer verkündete der Politikwissenschaftler Francis Fukuyama das Ende der Geschichte.[129] In einem Aufsatz, der später zu einem Buch (*The End of History and the Last Man*) ausgeweitet wurde,[130] erklärte er, dass sich die Prinzipien des Liberalismus, der bürgerlichen Demokratie und des »freien Markts« nach der Implosion des Ostblocks bald überall und vor allem endgültig durchsetzen würden. Mit dem Ende des Kalten Kriegs, so führte er unter Berufung auf Hegel und die insbesondere in Frankreich beliebte Hegel-Exegese Alexandre Kojèves aus, seien die weltpolitischen Widersprüche in einer letzten Synthese aufgehoben worden. Damit habe die Menschheit einen glücklichen Endzustand, das Ziel der Geschichte, erreicht. Geschichte finde von nun an nicht mehr statt.

---

129 Dieser Text erschien erstmals 2006 unter demselben Titel als Dossier in der Wochenzeitschrift *Jungle World* (50/2006).

130 Francis Fukuyama: The End of History, in: National Interest 16/1989; ders.: The End of History and the Last Man, New York 1992.

Fukuyamas Thesen zogen in fast allen politischen Lagern Kritik auf sich. Niemand war allerdings so empört wie die Linke, die 1989 in eine ihrer größten Krisen geraten war. Ein Teil der Bewegung erklärte mit dem Rudi Dutschke der Siebziger, dass die Chancen für den Sozialismus in Deutschland mit der Wiedervereinigung erheblich gestiegen seien. Andere beschränkten sich darauf, für die kommenden Jahre eine Zunahme weltpolitischer Konflikte, Krisen und Auseinandersetzungen vorauszusagen. Diese Fraktion behielt Recht.

Einige Jahre nach dem Erscheinen von *The End of History* relativierte Fukuyama seine Thesen daher – allerdings, ohne sie komplett zurückzunehmen.[131] Er habe das Erstarken des Islamismus nicht vorausgesehen; das Ende der Geschichte müsse vorerst vertagt werden. Mit solchen Aussagen verwies er zwar durchaus richtig auf die Gefahren, die Emanzipation, individuellem Glück und Freiheit von Seiten des Dschihadismus drohen. Die islamistische Formierung, die weltpolitischen Auseinandersetzungen seit 1989/90 und die unzähligen Nationalitätenkonflikte, die regelmäßig gegen Fukuyama aufgeführt wurden, können allerdings auch als Beleg für das Gegenteil gewertet werden. Man kann sie als Indiz dafür bemühen, dass er mit seiner These vom Ende der Geschichte doch Recht hatte, allerdings unfreiwillig.

Das Ende der Geschichte wäre in diesem Fall jedoch nicht der glückliche Endzustand, von dem Fukuyama schwärmte. In Fortführung eines Gedankens von Marx, der gelegentlich gegen Hegel betonte, dass die wirkliche Geschichte erst mit dem Übergang in die »Gesellschaft der Freien und Gleichen« beginne – alles andere

131 Etwa: Francis Fukuyama: History is still going our Way, in: The Wall Street Journal, 5.10.2001; ders.: At the End of History still stands Democracy, in: The Wall Street Journal, 6.6.2014.

sei die »Vorgeschichte der menschlichen Gesellschaft«[132] –, ließe sich das Ende der Geschichte vielmehr als katastrophische Wiederkehr des Immergleichen begreifen.

◆

Diese Vorstellung wäre nahe an Walter Benjamins geschichtsphilosophischen Thesen. Kurz vor seinem Selbstmord im September 1940 erklärte er, dass die Geschichte »Gegenstand einer Konstruktion« sei, deren Ort »nicht die homogene und leere Zeit, sondern die von Jetztzeit erfüllte« bilde.[133] Das sollte heißen, dass jede Erzählung von Geschichte aus dem Kontext der gegenwärtigen Gesellschaft erfolgt. Ihre Rekonstruktion und insbesondere die Rekonstruktion ihres »logischen Fortgangs« setzt daher die Erkenntnis der Gegenwart voraus.

Diese Erkenntnis ist allerdings nicht so leicht zu haben. Ein Blick, der ausschließlich von der Jetztzeit ausgeht, wäre von ihr gefesselt; er würde nicht zum Begreifen führen.[134] Erkenntnis über die Gegenwart – und damit zugleich über die Vergangenheit – kann nur gewonnen werden, wenn die Gegenwart transzendiert wird, wenn sie selbst als veränderbarer Teil der Geschichte und als Voraussetzung einer vernünftigeren Zukunft erscheint. Sie kann nur aus der Perspektive eines antizipierten Morgen gewonnen werden.

Die Voraussetzung von Geschichte ist also Zukunft. »Nur wenn man einen Ursprung und ein Ziel schon voraussetzt«, so auch

---

132 Etwa Karl Marx: Zur Kritik der politischen Ökonomie [1859], in: MEW. Bd. 13, Berlin/Ost 1973, 9.

133 Walter Benjamin: Über den Begriff der Geschichte [1940], in: ders.: Allegorien kultureller Erfahrung. Ausgewählte Schriften 1920–1940, Leipzig 1984, 164.

134 Vgl. Gerhard Stapelfeldt: Der Merkantilismus. Die Genese der Weltgesellschaft vom 16. bis zum 18. Jahrhundert, Freiburg 2001, 9.

Wolfgang Pohrt, »stellt sich Geschichte überhaupt als ein Prozess mit unterscheidbaren, nämlich in Relation zum Ursprung und zum Ende verschiedenen Entwicklungsstufen dar, und die Unterscheidung verschiedener Entwicklungsstufen ist die erste Voraussetzung, deren zeitliche Abfolge in einen logisch zwingenden Zusammenhang zu bringen.«[135] Erst mit der bürgerlichen Gesellschaft und dem von ihr produzierten Glauben, der Himmel könne auch auf Erden errichtet werden, entsteht Geschichte.

Während mittelalterliche Chronisten vor allem Genealogie betreiben und die Zeugungs- und Gebärakte der jeweiligen Herrscherhäuser aneinanderreihen mussten, waren bürgerliche Historiker dazu in der Lage, Abläufe zu analysieren, Prozesse zu benennen und von Epochen zu sprechen. Vor dem Hintergrund eines vorweggenommenen besseren Zustands schienen plötzlich Geschichte, Fortschritt, Logik und Vernunft zusammenzufinden. Vom Standpunkt der ins Weltliche verlegten Erlösung aus betrachtet, erschien die Kanonade von Valmy nicht mehr als weitere Metzelei auf ungezählten Schlachtfeldern; sie erschien stattdessen als schreckliche, aber doch notwendige Bedingung für die Errichtung der erwarteten paradiesischen Bürgergesellschaft. Vom Standpunkt der Erlösung aus betrachtet, erscheint auch das Kapitalverhältnis nicht mehr nur als Hölle auf Erden, sondern zugleich als Voraussetzung für eine bessere Welt.

Wird das System der Wertvergesellschaftung allerdings nicht von einer vernünftiger eingerichteten Gesellschaft, sondern

---

135 Wolfgang Pohrt: Vernunft und Geschichte bei Marx, in: ders.: Theorie des Gebrauchswerts. Über die Vergänglichkeit der historischen Voraussetzungen, unter denen allein das Kapital Gebrauchswert setzt, Berlin 1995, 272.

vom großen Armageddon abgelöst, kann es nicht mehr als Fortschritt in der Entwicklung der Menschheit begriffen werden.[136] Das Kapitalverhältnis ist dann die Vorstufe zu ihrer Vernichtung. Die Zerstörung von Sippe, Clan, Stamm oder der Identität von Geburts- und Sterbeort durch die bürgerliche Gesellschaft ist vor diesem Hintergrund nicht mehr Voraussetzung für einen wahrhaft menschlichen Zustand. Sie ist lediglich die Ablösung eines Zwangsverhältnisses durch ein anderes. Die »ganze alte Scheiße« (Karl Marx) wird durch neue ersetzt.

◆

Zeitgenössische Autoren berichteten immer wieder verwundert darüber, dass die Kommunarden von Paris 1871 singend auf den Barrikaden standen und singend in den Tod gingen. Trotz der brutalen Auseinandersetzungen und des grausigen Endes der Kommune – die Reaktion ermordete nach ihrem Sieg mehr als 25.000 Menschen – erfüllte der Aufstand einen Anspruch, den die Situationisten fast hundert Jahre später in bemerkenswerter Geschichtsvergessenheit an eine Revolution stellten: »Die proletarischen Revolutionen werden Feten sein oder sie werden nicht sein, denn das von ihnen angekündigte Leben wird selbst unter dem Zeichen der Fete geschaffen werden.«[137]

---

136 Vgl. hierzu und zum Folgenden Pohrt: Geschichte und Vernunft bei Marx.

137 Situationistische Internationale: Über das Elend im Studentenmilieu [1966], Hamburg 1977, 67. Im französischen Original heißt es: »Les révolutions prolétariennes seront des fêtes ou ne seront pas, car la vie qu'elles annoncent sera elle-même créée sous le signe de la fête.«. [Internationale situationniste]: De la misère en milieu étudiant, Strasbourg 1966, 28. Für die am weitesten verbreitete deutsche Version des Texts wurde das französische »fête« mit »Fete« übersetzt. Passender und originalgetreuer wäre wohl »Fest«.

Das aus heutiger Sicht kitschig anmutende Pathos der Kommunarden war nur wegen der Überzeugung möglich – und das ist zugleich der zentrale Unterschied zu den Verrückten von Langemarck, die 1914 aufrecht und mit dem Deutschlandlied auf den Lippen in französisches Maschinengewehrfeuer marschiert sein sollen –, dass der eigene Tod und der Tod all derer, die zuvor gestorben waren, nicht sinnlos war. Es war nur möglich, weil man den Tag der Rache und damit zugleich den Tag der Befreiung von Freunden, Kindern und Geliebten in naher Zukunft glaubte.

Der Oktoberrevolution und dem russischen Bürgerkrieg fehlte diese Emphase bereits. Sie musste ihnen in abgeschmackten Revolutionsdramen wie Nikolai Ostrowskis *Wie der Stahl gehärtet wurde* oder Dmitri Furmanows *Tschapajew* nachträglich übergestülpt werden. Der Grund dafür ist, dass die »letzten Tage der Menschheit«, die Karl Kraus in seinem gleichnamigen Stück über den Ersten Weltkrieg beschreibt, bereits stattgefunden hatten. Die Mitglieder der Roten Armee verhielten sich oft so, als ahnten sie, dass ihre Aktivitäten bereits, wie Theodor W. Adorno in *Minima Moralia* formuliert, »nach Weltuntergang« stattfanden.[138]

Isaak Babels *Reiterarmee*, eins der großartigsten Bücher über die Revolution und den Bürgerkrieg, liest sich eben nicht wie die Entstehungsgeschichte des »neuen Menschen«. Babel beschreibt vielmehr geschundene Kreaturen, von denen nur schwerlich vorstellbar ist, dass sie selbst jemals mit dem Schinden aufhören können. *Die Reiterarmee* wurde unter Stalin folgerichtig verboten, Babel vermutlich 1941 hingerichtet.

Den Glauben an einen logischen Gang der Geschichte wollten sich diejenigen, die sich die Befreiung der Menschheit auf die Fahnen geschrieben hatten, weder von ihrem Genossen Babel

138 Theodor W. Adorno: Nach Weltuntergang, in: ders.: Minima Moralia. Reflexionen aus dem beschädigten Leben, Frankfurt/M. 1969, 63.

noch von Franco, Mussolini und Hitler, den Proleten der SA oder den Folterknechten in den Kellern der Gestapo nehmen lassen. Die KPD gab 1933 inoffiziell die Parole »Nach Hitler wir!« aus; Komintern-Chef Georgi Dimitroff rationalisierte den Faschismus als Treppenstufe auf dem Weg zum Kommunismus: Der Faschismus sei eine »Folge des Niederganges des kapitalistischen Systems« und würde ganz logisch und gesetzmäßig zu seiner eigenen »Zersetzung« – und damit zum Sieg des Kommunismus – beitragen.[139]

Der Verweis auf den logischen Gang der Geschichte wurde damit endgültig zu dem, was er immer auch war, zum Substitut der Religion. Denn war die Idee der irdischen Erlösung nicht stets auch säkularisierte Heilslehre?[140] Liegen die Ursprünge der Vorstellung eines Ziels der Geschichte nicht in der Eschatologie? Ganz in diesem Sinn wurde berichtet, dass Zeugen Jehovas und überzeugte Kommunisten im Durchschnitt besser mit der Stornierung aller Erfahrungen und Erwartungen in den Konzentrationslagern zurechtkamen als viele andere Häftlingsgruppen.[141] Sie verliehen ihrem Leiden Sinn, indem sie es auf einen Plan Gottes oder seiner irdischen Nachfolgerin, der Geschichte, zurückführten.

War der Glaube an einen roten Faden der Geschichte schon mit dem Ersten Weltkrieg in Mitleidenschaft geraten, lässt sich spätestens seit Auschwitz kein Zusammenhang mehr zwischen Geschichte und Vernunft herstellen. Dass die Vernichtung der

139 Dimitroff: Die Offensive des Faschismus und die Aufgaben der Kommunistischen Internationale.

140 Vgl. hierzu Karl Löwith: Weltgeschichte und Heilsgeschehen. Die theologischen Voraussetzungen der Geschichtsphilosophie [1949], Stuttgart, Weimar 2004.

141 Vgl. Améry: Jenseits von Schuld und Sühne, 34.

europäischen Juden die Bedingung der Möglichkeit einer besseren Gesellschaft gewesen sein soll, kann selbst mit den Mitteln der zynischsten Dialektik nicht behauptet werden. Mit Auschwitz, so der Historiker Moishe Postone, wurde die Frage gestellt, »ob und auf welche Weise es noch möglich ist, eine Zukunft zu denken, ohne die Vergangenheit zu verraten«.[142]

Das Leben »unter dem Zeichen der Fete«, von dem die Situationisten 1966 sprachen, als stünde der Aufstand der Pariser Kommune noch bevor, ist durch den Massenmord affiziert worden. Eine wahrhaft menschliche Gesellschaft hätte entsprechend die Trauer um die sinnlos Hingemetzelten in sich aufzunehmen. Der glücklich-unbeschwerte Zustand, von dem selbst gestandene Bolschewiki wie frühsozialistische Utopisten schwärmten (Leo Trotzki: »Der Mensch wird unvergleichlich viel stärker, klüger und feiner; sein Körper wird harmonischer, seine Stimme musikalischer werden«),[143] ist damit unerreichbar geworden.

Anstatt Verhältnisse zu schaffen, in denen die Toten zumindest vor nachträglicher Bemächtigung sicher sind, tat die Menschheit so, als wäre nichts geschehen. Im Osten erklärte man, eine Gesellschaft ohne Ausbeutung errichten zu wollen. Die »Lehren aus der Geschichte« sollten allerdings mit Hilfe »nationaler Volksarmeen«, der »Helden der Arbeit«, sozialistischer Zwangsmoral und uniformierter Kinder gezogen werden. Passend dazu wurde nur vier Jahre nach der Befreiung von Auschwitz die berüchtigte Kampagne gegen »Kosmopolitismus und Zionismus« gestartet, bei der Juden als Juden verfolgt, angeklagt und nicht selten hingerichtet wurden.[144]

---

142 Moishe Postone: Der Holocaust und der Verlauf des 20. Jahrhunderts, in: ders.: Deutschland, die Linke und der Holocaust, 124.

143 Leo Trotzki: Literatur und Revolution, Berlin 1968, 215.

144 Vgl. etwa Arno Lustiger: Rotbuch. Stalin und die Juden, Berlin 1998.

Im Westen wurde der *status quo ante* nachgeahmt. Nach der Verschmelzung von Ökonomie und Staat simulierte man eine freie Marktwirtschaft;[145] während das Individuum in den letzten Zügen lag, entdeckte die Kulturindustrie »Individualität«. Nach der Stilllegung des Klassenantagonismus ernannte die Linke kurzerhand die »unterdrückten Völker« zum Nachfolger des Proletariats. Selbst diejenigen, die sich die Kritik des Bestehenden auf ihre Fahnen schrieben, spielten mit: Die Studenten der Sechziger und Siebziger verkleideten sich als Proleten und ahmten die KPD der Zwischenkriegszeit nach.

Und tatsächlich: Vor dem Hintergrund des neu begonnenen Kalten Kriegs hatten einige zentrale Parolen des bürgerlichen Zeitalters – allen voran die Aussage, ein jeder sei seines Glückes Schmied – auch über das Ende dieser Epoche hinaus eine gewisse Gültigkeit. Das clevere Taktieren einiger Trikontstaaten führte im Rahmen des Ost-West-Konflikts gelegentlich zu einer bescheidenen Steigerung des Lebensstandards in diesen Ländern. Die Aufstiegschancen in den subventionierten Wirtschaftswunderländern boten einen schwachen Abglanz der Vorstellung »vom Tellerwäscher zum Millionär«.

Fortschritt und Zukunft hatten auf beiden Seiten des »Eisernen Vorhangs« Konjunktur. Ludwig Erhard versprach »Wohlstand für alle«; die Staaten des »real existierenden Sozialismus« wollten den Westen mit Fünfjahresplänen überholen und später einholen. Die Helden der Jugend stammten aus der Science-Fiction-Literatur. Im DDR-Standardwerk *Weltall, Erde, Mensch*, das junge Staatsbürger zu ihrer »Jugendweihe« überreicht bekamen, wurden Weltraumstädte vorgestellt, mit denen man um das Jahr 2000 rechnete;

145 Vgl. Paul A. Baran, Paul M. Sweezy: Monopolkapital. Ein Essay über die amerikanische Wirtschafts- und Gesellschaftsordnung, Franfurt/M. 1967.

im Westen gingen Perry Rhodan, die Raumpatrouille Orion und das Raumschiff Enterprise auf die Suche nach neuen Galaxien.

Voraussetzung und Folge dieses fortschrittsfrohen Utopismus war das Verschweigen von Auschwitz. Der Glaube an die Beherrschbarkeit der Zukunft und der ökonomische Aufschwung legten sich über die Erinnerung an das Verbrechen. Im Osten schien man zu ahnen, dass die Kontinuitätslinie, die in *Weltall, Erde, Mensch* vom Neandertaler über Spartakus und Lenin zu Walter Ulbricht gezogen wurde, durch Auschwitz unterbrochen wurde. Der Massenmord stellte die Vorstellung vom logisch-vernünftigen Gang der Geschichte und der »historischen Mission der Arbeiterklasse« infrage. Der Sozialismus sollte mit einer Bevölkerung aufgebaut werden, die kurz zuvor noch zu den festen Stützen des Nationalsozialismus gehört hatte. Verweise auf die Vernichtung der europäischen Juden, an der sich die Integration ins Naziregime am deutlichsten zeigte, fehlten darum schon aus Gründen des weltanschaulichen Selbsterhalts.

Im Westen war es kaum anders. Auch hier wollte die Erinnerung an Auschwitz nicht mit der Aufbau- und Fortschrittseuphorie der Fünfziger und Sechziger zusammenpassen. Darüber hinaus bestanden auch in der Bundesrepublik Kontinuitäten, die weit über einige Personalia im Wirtschafts- und Staatsapparat hinauswiesen. Zwar lässt sich der Holocaust nicht mit ökonomischen Kategorien fassen; er war geradezu gegenrational. Der Vernichtungskrieg, in den er eingebettet war, gehörte jedoch zu den zentralen Voraussetzungen des Wirtschaftswunders. So war die große Krise der Dreißiger, wie der Kulturwissenschaftler Gerhard Scheit einmal schrieb, nicht durch den Ideenreichtum der Ökonomen und Technokraten beendet worden, sondern durch den Krieg: »Im Krieg, für den der Staat als monströser Konsument tätig war, ist eine Kaufkraft angestaut worden, die sich nun am Ausstoß der neu investierten Konsumgüterindustrie schadlos halten konnte.«[146] Das heißt: Diejenigen, die den Nachkriegsboom in den westlichen Ländern genießen konnten, hatten dem Nationalsozialismus obszönerweise etwas zu verdanken. Auch das ist die Barbarei, die Adorno zufolge fortbesteht, weil ihre Bedingungen fortbestehen.[147]

◆

In den Siebzigern fand das 1945 begonnene »golden age of capitalism« (Eric Hobsbawm) sein Ende. Die im Krieg angestaute Kaufkraft war aufgebraucht, die seit den großen Zusammenbrüchen betriebene Krisenlösung in Permanenz versagte. Hatten die Bewohner der Industrienationen in den Fünfzigern und Sechzigern noch darauf gehofft, immer wohlhabender zu werden, sorgten sie sich in Meinungsumfragen plötzlich darum, zumindest nicht ärmer zu werden.

Auch die Parolen hatten sich verändert. Ging es in den Wahlkämpfen bis dahin um »Wohlstand für alle« und den »Stolz auf das Erreichte«, hieß es von nun an, den »Gürtel enger zu schnallen«, kürzer zu treten und sich nicht auf dem Bisherigen auszuruhen. Mit der Implosion des Ostblocks verschwand schließlich die letzte Bedingung für die Simulation des bürgerlichen Zeitalters; der Zusammenbruch des alternativen Weltmarkts des RGW machte die ohnehin armseligen Subventionspraktiken in der Dritten Welt aus herrschaftsrationaler Sicht sinnlos. Der erste, nunmehr einzige Weltmarkt hat keine Verwendung mehr für die Überflüssigen

146 Gerhard Scheit: Die Meister der Krise. Über den Zusammenhang von Vernichtung und Volkswohlstand, Freiburg/Br. 2001, 81.

147 Theodor W. Adorno: Erziehung nach Auschwitz [1966], in: ders.: Erziehung zur Mündigkeit. Vorträge und Gespräche mit Hellmuth Becker 1959–1969, Frankfurt/M. 1970, 92.

und ihre Produkte. Die »eine Menschheit« ist auf Schicksal und blinden Naturzusammenhang zurückgeworfen.

Damit erodiert auch das ideologische Fundament der Gesellschaft. Die Verhältnisse lassen nicht mehr den Glauben entstehen, der die Menschen einst mit dem gleichzeitig erzeugten Leid versöhnte.[148] Sie produzieren nicht länger die Illusion, dass Elend, Quälerei und Entbehrung nur Übergangserscheinungen auf dem Weg in eine bessere Gesellschaft seien. Die Zukunft verschwindet stattdessen.

Weil die Menschheit keine Zukunft mehr hat, träumen die Menschen wieder von ihrer Vergangenheit. Sie sehnen sich nach ihrer Kindheit oder der Kindheit der Gattung zurück, nach einer Zeit, in der das Kapitalverhältnis und der Weltmarkt noch nicht existierten, die Menschen sich in Sippen, Stämmen und Clans organisierten und die Konflikte scheinbar überschaubar waren.

Bei diesem Kampf um die Kindheit stehen sie allerdings vor zwei Problemen. Erstens: Kindheit ist nie so schön, wie sie im Rückblick erscheint; sie besteht nicht selten aus einer Aneinanderreihung von Unsicherheiten, Demütigungen und Quälereien durch Eltern, Geschwister, Gleichaltrige. Zweitens: Die guten alten Zeiten, in denen wenig gut war, können nicht wiederkehren, weil die vorbürgerlichen Gemeinwesen irreparabel und unwiderruflich zertrümmert sind.

Wenn die Menschheit keine Zukunft mehr hat und die Vergangenheit unwiederbringlich ist, so lautet die Schlussfolgerung, bleibt nur der Tod. Oder mit den Worten Wolfgang Pohrts: Im Bewusstsein ihrer eigenen Überflüssigkeit, »im Bewusstsein der Tatsache vielleicht, dass sie auf der Welt nichts mehr zu suchen

148 Vgl. hierzu und zum Folgenden Wolfgang Pohrt: Abschied ohne Tränen, in: ders.: Harte Zeiten. Neues vom Dauerzustand, Berlin 1993, 9.

hätten, sind die Menschen weltweit mit selbstzerstörerischer Aggressivität erfüllt«.[149]

Ebenso wie vor dem Ersten Weltkrieg, als die Menschheit ihrem bevorstehenden Untergang mit Endzeitgedichten, Untergangsgemälden und militärischer Körperertüchtigung entgegenfieberte, scheint die Gattung seit dem Ende des »goldenen Zeitalters« immer mal wieder auf die Apokalypse zu hoffen. Die »neuen sozialen Bewegungen« – Frieden, Ökologie, Anti-Atom – sehnten sich nach Atomkrieg und explodierenden Kernkraftwerken und kaschierten diese Hoffnung nur lieblos als Angst. Zehntausende bereiteten sich in Kampfsportschulen, Survivalseminaren und Selbstoptimierungskursen auf das Hauen und Stechen beim Weltuntergang vor. Die Untergangsgedichte der Jahrhundertwende fanden ihre Entsprechung in den Katastrophenfilmen – *Mad Max*, *The Day After*, *Meteor* usw. –, die den Markt seit der zweiten Hälfte der Siebziger überschwemmten.

Zur gleichen Zeit begann der erneute Siegeszug der Religionen. Die Beatles fuhren ganz avantgardistisch schon Ende der Sechziger zu Maharishi Mahesh Yogi nach Indien; Bhagwan konnte sich mit den Spenden seiner Anhänger auch noch seinen 97. Rolls Royce kaufen. Mit der Revolution im Iran wurde der Islam wieder zu einer politischen Größe.

Zwischen dieser »Suche nach Spiritualität« und der Sehnsucht nach dem Weltuntergang dürfte nicht nur ein zeitlicher Zusammenhang bestehen. So ging der Niedergang der alten Religionen mit der Entstehung des Glaubens einher, dass der Himmel auch auf Erden errichtet werden könne. Dantes noch religiös verbrämtes Loblied auf den Menschen, der aus eigener Kraft zum »irdischen Paradies« gelangt, war der Anfang vom vorläufigen

149 Ebd., 12.

Ende der Religionen. Seit die Zukunft der Menschheit wieder auf einen unbestimmten Termin vertagt wurde, wird der Glauben an ein besseres Dasein nahezu konsequenzlogisch wieder ins Jenseits, den Zuständigkeitsbereich der Priester, Gurus und Scharlatane, verschoben.

Doch nicht nur das: Seit die Verhältnisse den Slogan »No Future« wieder auf die Tagesordnung gesetzt haben, können sich die Menschen plötzlich wieder an das Ereignis erinnern, das vom Zukunftsoptimismus der vorangegangenen Jahre überlagert worden war – und ihn zugleich permanent in Frage gestellt hatte. So ist es möglicherweise mehr als ein Zufall, dass man sich just zu dem Zeitpunkt, als die Nachkriegsprosperität ein Ende fand, wieder an die so lange verschwiegene Vorgeschichte des eigenen kurzzeitigen Glücks zu erinnern begann. Seit den späten Siebzigern schrieben Stadtteilinitiativen und Geschichtswerkstätten Regionalgeschichten des Holocaust; die Menora wurde zum beliebten Accessoire der mittelständischen Akademikerwohnung. Die neu aufkommende Erinnerungsarbeit bewahrte etliche Historiker, Sozialpädagogen und Erziehungswissenschaftler vor der Arbeitslosigkeit.

◆

Ohne den Glauben an einen zukünftigen Himmel auf Erden, den die bürgerliche Gesellschaft noch von sich produzierte, verschwindet Geschichte. Mit dem Verfall einer Zukunft, die mehr ist als verlängerte Gegenwart, kommt sie an ihr Ende. Hier hatte Fukuyama unfreiwillig Recht.

Der seit den frühen Siebzigern immer wieder beklagte »Verlust von Geschichte« ist, wie die Historiker Klaus Bergmann und Hans-Jürgen Pandel schon 1975 feststellten, »in Wahrheit ein

Verlust von Zukunft«.[150] Wenn als Reaktion auf die Krise alle nur den Gürtel enger schnallen wollen und selbst Liberale nicht mehr auf die Selbstheilungskräfte des Markts vertrauen, lässt sich der Standpunkt der Erlösung, aus dessen vorweggenommener Retrospektive sich der Gang der Dinge als historischer Prozess darstellt, immer schwerer einnehmen. An die Stelle von Geschichte tritt die Wiederkehr des Immergleichen.

Ebenso wenig wie sich die Arbeit des Sisyphos in geschichtliche Kategorien fassen lässt, lässt sich die unendliche Verlängerung der schlechten Gegenwart als Historie begreifen. Sie ist nicht einmal mehr, wie Adorno in Anlehnung an Marx' Begriff der Vorgeschichte formuliert,[151] die Verlängerung der Vorgeschichte ins Unabsehbare. Der Gang der Dinge scheint vielmehr die vorbürgerliche Vorstellung von Geschichte als einem ewigen Kreislauf, wie sie noch bei Machiavelli, einem der ersten Bürger, zu finden ist, zu bestätigen. Das betrifft auch die Rede von der »Rückkehr der Geschichte«, die angesichts der ethnischen Konflikte seit 1989 wieder beliebt wurde: Es kehrt nicht »die Geschichte« zurück, sondern die längst überwunden geglaubte Vergangenheit der Nationalitätenkämpfe.

In dem Maß, in dem sich Geschichte in den Lauf der Zeit und damit in Schicksal zurückverwandelt, kollabiert notwendigerweise auch das Geschichtsbewusstsein. Ereignisse, an die sich schon nach zwei Tagen niemand mehr erinnern kann, werden als »historische Momente« ausgegeben; nur wenige Jahre nach dem Millenniumswechsel bejubeln Reporter und Fußballfans einen Sieg im Achtel-

150 Klaus Bergmann, Hans-Jürgen Pandel: Geschichte und Zukunft. Didaktische Reflexionen über veröffentlichtes Geschichtsbewusstsein, Frankfurt/M. 1975, 104.

151 Vgl. Gerhard Schweppenhäuser: Theodor W. Adorno, 2. Aufl., Hamburg 2000, 35.

finale einer Weltmeisterschaft als »Jahrhundertereignis«. Auch die Fernsehtalkshows erinnern an die Zeitschleifen, mit denen Jean-Luc Picard und seine Mannschaft in den neuen *Star-Trek*-Staffeln immer mal wieder zu kämpfen haben.

Angesichts dieser Wiederkehr des Immergleichen macht sich überall Langeweile breit. Teenager, die das Ende der Ferien herbeisehnen, weil sie die Schule weniger anödet als ihre Freizeit, sind ebenso wenig eine Seltenheit wie Angestellte, die ihren Urlaub verfallen lassen, weil sie auch dort nichts mit sich anzufangen wissen.

Diese permanente Langeweile ist allerdings nicht nur Ausdruck der Ermüdung beim Warten auf die Neuigkeit, die doch nicht kommt. Sie entsteht auch dann, wenn man ahnt, dass die eigenen Handlungen folgenlos bleiben. Die Langeweile, über die sich vom Sechstklässler über seinen Sozialkundelehrer bis hin zum Hollywoodstar alle beklagen, dürfte Ausdruck des Verdachts sein, dass es auf das Handeln der Menschen nicht mehr ankommt. Sie dürfte Resultat der Ahnung davon sein, dass die Menschen selbst oder gerade dort, wo sie sich für geschichtsmächtig halten, nur das exekutieren, was ohnehin auf der Tagesordnung steht.

Die freiwilligen und unfreiwilligen Vordenker der Neuen Linken – von den Situationisten bis hin zu den kritischen Theoretikern des Frankfurter Instituts für Sozialforschung – hofften einmal darauf, dass sich die Gattung nach dem Erhalt dieser Nachricht aus Scham doch noch dazu entschließt, den Gegenbeweis anzutreten; sie hofften darauf, dass die Menschen aus Empörung über die eigene Statistenrolle doch noch in einem positiven Sinn geschichtsmächtig werden.

In ihrer programmatischen Schrift über das *Elend im Studentenmilieu* erklärten die Situationisten in Anlehnung an Marx, »die Schmach noch schmachvoller machen« zu wollen, »indem man sie publiziert«.[152] Die Begeisterung, die systemtheoretischen und poststrukturalistischen Theorieproduktionen im Soziologie- und Philosophiegrundkurs entgegengebracht wird, weckt hinsichtlich der Erfolgsaussichten dieses Unterfangens allerdings nicht gerade Optimismus. Anstatt sich darüber zu entrüsten, dass es in der Gesellschaft, die von Niklas Luhmann, Judith Butler und anderen affirmativ beschrieben wird, auf das Handeln der Menschen nicht mehr ankommt, wird auf solche Aussagen überall mit zufriedenem Kopfnicken reagiert. Die Chancen stehen also nicht gerade gut.

152 Situationistische Internationale: Über das Elend im Studentenmilieu, 5.

Anhang II

Alle Jahre wieder. Von der Theorie zur Praxis

Deine Revolution, so schön erdacht
Doch plötzlich hat keiner mitgemacht
EA80

Wenn die Linke Schiffbruch erleidet, ist stets das gleiche Szenario zu beobachten: Einige Aktivisten ziehen sich, mal dankbar, mal frustriert, ins Privatleben zurück; andere werkeln autistisch-verbissen weiter wie bisher.[153] Der Rest schließt sich zu Diskussions- und Lesekreisen zusammen und erklärt, von nun an die »Kritik der Verhältnisse« betreiben zu wollen. Diese Diskussionszirkel bereiten den Rückzug ins Privatleben oft nur auf andere Weise vor. Sie gleichen ausgelagerten Universitätsseminaren, in denen diejenigen, die im akademischen Betrieb derzeit (und wohl auch in Zukunft) nicht gebraucht werden, ihre Tauglichkeit für den Soziologie- oder Philosophie-Lehrstuhl trotzdem unter Beweis stellen können.

Andere beschränken sich aus Angst vor Resignation auf Selbstkritik und sprechen immer wieder von vermeintlichen Fehlern und Versäumnissen der Linken. Das Ausbleiben der Revolution wird durch Selbstkritik kompensiert. Mit ihr wird der Glaube an den nur noch zu findenden revolutionären Nippel gerettet, der

153 Dieser Text erschien 2005 unter dem Titel »Me and my Monkey« als Beitrag zu einer damals breit geführten Debatte über die Zukunft der antifaschistischen Bewegung in der Zeitschrift *Phase 2* (18/2005).

lediglich durch die Lasche gezogen werden muss, um die Verhältnisse doch noch zum Tanzen zu bringen. Den Kritik- und Theoriekreisphasen folgen dementsprechend seit mehr als hundert Jahren stets die neuen Strategiediskussionen, die neuen Aufbrüche, Offensiven und nächsten Vorbereitungen fürs abermalige Scheitern.

◆

Im Sommer 2000 zeigten sich große Teile der antifaschistischen Linken schockiert: Der Bundeskanzler erklärte die Bekämpfung von Neonazis zur Chefsache; die Hamburger *Zeit* druckte Artikel, die an Aufrufe zu Antifa-Demonstrationen erinnerten; und im Vormittagsprogramm wurde anerkennend über die Arbeit antifaschistischer Workcamps berichtet. In Folge dieser vermeintlichen Vereinnahmung verabschiedeten sich zahlreiche Antifa-Gruppen vom traditionellen Demonstrationsverhinderungstourismus und erklärten, sich in Zukunft der »Analyse und Kritik der gesellschaftlichen Zustände« widmen zu wollen.

Diese Analyse scheint inzwischen abgeschlossen zu sein. »Der Worte sind genug gewechselt, nun lasst uns Taten folgen sehen«, so lautet das Antifa-Motto des Jahres. Antifaschistische Gruppen, die vor gar nicht so langer Zeit auf Distanz zur Traditions-Antifa gingen, diskutieren dementsprechend wieder über Strategien gegen Naziaufmärsche. Das Leipziger Bündnis gegen Rechts (BgR), das angesichts der zivilgesellschaftlichen Massenaufläufe gegen NPD-Veranstaltungen noch vor kurzem zum »Ausschlafen gegen rechts« ermutigte,[154] um sich nicht vor den Karren des staatstragenden Antifaschismus spannen zu lassen, beteiligt sich an klassischen Anti-

154 Mark Schneider: Antifa heißt Ausschlafen, in: Jungle World 41/2004.

Nazi-Aktivitäten. Und eine große Frankfurter Antifa-Gruppe möchte, wie sie mit einer Mischung aus Seminar- und Prolet-Slang vorträgt, endlich »als progressive Fraktion handlungsfähig« werden und »über den lokalen Rahmen hinaus zu Potte« kommen.[155] Die so genannte Antifa-Debatte über »Bedingungen, Grundlagen und Möglichkeiten antifaschistischer Arbeit«, die derzeit in allen größeren linken Zeitschriften geführt wird, liefert den Soundtrack für diesen geschäftigen Aktionismus.

Auch wenn sich die Mehrzahl der Protagonisten offiziell von ihrem autonomen Background getrennt hat, erinnert die Debatte an einen klassischen bewegungslinken Austausch. Man sucht noch immer nach »Ansatzpunkten« für antifaschistische Arbeit,[156] will, wie in der Ankündigung zum Beitrag eines Hamburger Antifa-Zusammenschlusses angedroht wird, über »Politikformen und -felder« diskutieren und behandelt den gesellschaftlichen Ist-Zustand weiterhin lediglich als schmückendes Beiwerk bzw. als Hintergrund, vor dem die eigene Freizeitgestaltung betrieben werden kann.

So sprechen die Hamburger Antifaschisten zwar von der Aufhebung des Widerspruchs »zwischen Arbeit und Kapital« im Nationalsozialismus und bezeichnen Antisemitismus und Antiamerikanismus als »Ausdruck gesellschaftlicher Normalität in der postnazistischen Gesellschaft«.[157] Das Leipziger Bündnis gegen Rechts, das sich in den letzten Jahren zu einer der bedeutendsten Antifa-Gruppen des Landes entwickelt hat, erklärt, dass »antifaschistische Interventionen«, die über reine Anti-Nazi-Aktivitäten

---

155 Autonome Antifa [F]: Wort zum Sonntag – Flaschenpost an die Restvernunft, in: Phase 2 15/2005.

156 Antifa AG Bad Weather: Antifa 2004 – Quite a feeling, quite a Relief, Quite a Mess, in: Phase 2 14/2004.

157 Ebd.

hinausgehen, vor dem Problem stehen, sich gegen einen gesellschaftlichen Zustand richten zu müssen, der »hegemonial ist und deshalb weder einfach skandalisierbar noch durch Bündnisoptionen überwindbar ist« (»rechter Konsens«).[158] Und auch die Frankfurter Aktivisten wissen von der »nur allzu gut funktionierenden ideologische[n] Vermittlung der Zwangsverhältnisse«. Aus diesem Grund erklären sie in ihrem Beitrag zur Debatte, dass es »schlichtweg eine Unverschämtheit« sei, wenn »Linke, die vor sich den Anspruch hertragen, emanzipatorisch und antifaschistisch zu sein, meinen, trotz Auschwitz und kritischer Theorie einfach so weiter machen zu können wie bisher«.[159]

Welche Folgen diese negative Aufhebung des Widerspruchs von Arbeit und Kapital, Auschwitz, der »rechte Konsens« oder die eher von links vorangetriebene antiamerikanische Formierung seit dem Irakkrieg 2003 für das Agieren radikaler Kritiker haben, was also die »Bedingungen und Möglichkeiten antifaschistischer Arbeit« sind, wird allerdings nicht verraten.

Der teilweise durchaus detailgetreuen Beschreibung der verhärteten Verhältnisse und der verzweifelten Andeutung eines *Rien ne va plus* folgt stets der unvermittelte Aufruf zum Zähnezusammenbeißen, zum härteren Zupacken, zur neuen Aktion: Das Leipziger BgR wollte dementsprechend mit einer Demonstration zum 3. Oktober »die gesellschaftliche Situation *angreifen* [alle Hervorhebungen J.G.], in der sich Nazipositionen ins allgemeine Meinungsbild einfügen«.[160] Die Frankfurter Antifaschisten wollen

---

158 BgR Leipzig: Konsens und Tabu, in: Phase 2 17/2005. Zur Kritik der Vorstellung vom »rechten Konsens«, der genauso gut als »linker Konsens« bezeichnet werden könnte, vgl. Mario Möller: Die Avantgarde der Berliner Republik, in: Ceeleh 124/2005.

159 Autonome Antifa [F]: Wort zum Sonntag.

160 BgR Leipzig u.a.: Wer Deutschland liebt, den können wir nur hassen. Aufruf zur Demonstration am 1./3.10.2005 in Leipzig. [Flugblatt]

die »ideologische Vermittlung der Zwangsverhältnisse [...] *sabotieren*«, »Stellung beziehen und *Widersprüche aufmachen*«.[161] Und ihre Hamburger Genossen möchten sich aufgrund der »Schwäche ideologiekritischer und kommunistischer Assoziationen« zwar auf wenige Aktionen beschränken, wollen es sich aber dennoch nicht nehmen lassen, in die »geschichtspolitisch zentralen Events wie die anstehenden 60. Jahrestage« (Bombardierung Dresdens, Befreiung von Auschwitz, 8. Mai usw.) zu »*intervenieren*« – in »Manifestationen also, deren Kritik die völkische Formierung auch *im Kern* [sic!] treffen könnte«.[162]

Aus diesen Äußerungen, dem Verbalradikalismus, den hemdsärmeligen Forderungen nach »Intervention« und »Angriff«, spricht – und hier haben die Frankfurter Antifaschisten, die ihren Beitrag als »Flaschenpost an die Restvernunft« ausweisen, ungewollt das richtige Stichwort geliefert – ein eigentümlicher Größenwahn. Diese Unvernunft hat jedoch nicht nur die Diskussionsgegner der Frankfurter Antifaschisten befallen. Auch in ihren eigenen Äußerungen, in ihrer Forderung nach dem »Aufmachen von Widersprüchen«, nach »Sabotage« oder in ihrer Flaschenpost-Metapher, mit der sie ihren Artikel in die Tradition der *Dialektik der Aufklärung* stellen, findet sich wahnhafte Selbstüberschätzung. Allein: Einzig in dieser Verrücktheit, die sich etwa äußert, wenn sich Gruppen, die zu Demonstrationen kaum mehr als tausend Leute mobilisieren können, ins Cockpit der Weltentwicklung halluzinieren, spiegeln sich die gesellschaftlichen Bedingungen und Möglichkeiten für das Agieren radikaler Kritiker im Land von Auschwitz wider, deren Diskussion in der Debatte zwar versprochen, aber konsequent umgangen wird.[163]

---

161 Autonome Antifa [F]: Wort zum Sonntag.
162 Antifa AG Bad Weather: Antifa 2004.
163 Ein Hinweis zu den »Widersprüchen«, die die Frankfurter Antifaschisten

Dieser Wahn verweist auf das Missverhältnis zwischen der dringenden Notwendigkeit einer Gesellschaft, in der die Alternative nicht nur »Opel« oder »Ford«, »Reihenhaus« oder »Mietwohnung« heißt, und ihrer realen Möglichkeit. Zur Illustration: Wer sich in den Zwanzigern öffentlich als Kommunist bekannte, wurde als politischer Gegner und Staatsfeind betrachtet. Er konnte mit Repressionen durch die Polizei rechnen.

Wer heute in der Einkaufszone ein Transparent mit der Aufschrift »Her mit dem Kommunismus!« präsentiert, dürfte hingegen entweder für ungläubiges Staunen und Spott sorgen oder aber als Fall für den Psychiater gehandelt werden. Die Unterscheidung zwischen Wahnsinn und Vernunft ist spätestens seit Auschwitz, nachdem sich das Proletariat nicht seiner Ketten, sondern seiner jüdischen Nachbarn entledigte, selbst ideologisch geworden. »Objektive Vernunft«, so Joachim Bruhn, »kann anderswo nicht mehr erscheinen als in der subjektiven Vernunft restlos vereinzelter, zum Letzten entschlossener Einzelner, die dem privaten Wahn zum Verwechseln ähnlich sieht.«[164]

Oder um mit Wolfgang Pohrt zu sprechen: Unter tausenden Wahnsinnigen kann man auf Dauer nicht der einzige Vernünftige

---

aufmachen möchten: Die Sphären von Spannung und Widerspruch, als die Herbert Marcuse in *Der eindimensionale Mensch* (Frankfurt/M. 1967) rückblickend die Klasse, die Gesellschaft und die Familie bezeichnete, sind längst in Auflösung begriffen: Staat und Gesellschaft stehen sich nicht mehr antagonistisch gegenüber, der Begriff Klasse taugt allenfalls zur soziologischen Umschreibung von Einkommensunterschieden, und der Einzelne kann sich nur noch durch seine Zugehörigkeit zu verschiedenen Rackets – also tendenziell durch die Verleugnung seiner selbst als Individuum – erhalten. Das heißt, diese Widersprüche sind weitgehend in Auflösung begriffen; die Spannung, die sie erzeugten, legt sich.

164 Joachim Bruhn: Der Untergang der Roten Armee Fraktion. Eine Erinnerung für die Revolution, in: Emile Marenssin: Stadtguerilla und soziale Revolution. Über den bewaffneten Kampf und die Rote Armee Fraktion [1972], Freiburg/Br. 1998, 11.

bleiben; man wird ebenfalls verrückt, nur eben ein bisschen anders. Wer die Vernunft als einziger gegen den Rest der Welt verteidigen will, benötigt »einen Starrsinn, eine Verstocktheit und einen Realitätsverlust, die alle an Irrsinn grenzen«.[165] Ein ursprünglich vernünftiger Gedanke wird zwangsläufig zum Spleen, zur fixen Idee, wenn er gegen eine überwältigende Übermacht von Unvernunft verteidigt werden muss: »Versucht man unter diesen Bedingungen, seinen Verstand mit Gewalt zu bewahren, so verliert man ihn nur auf andere Weise, insofern die panzerplattenähnlich gewordene richtige Überzeugung das Denken nicht nur vor dem Wahn schützt, sondern es auch von der wahnhaften Realität isoliert und damit unmöglich macht, es erstarrt zur formelhaften Wiederholung.«[166]

So mögen sich die diskutierenden Politgruppen zwar, wie es die Frankfurter Antifaschisten in ihrem Beitrag zur Debatte für sich reklamieren, als Bollwerk der Vernunft im allgemeinen Wahnsinn begreifen. Ihren Auftritten, Umzügen und Symbolen haftet allerdings etwas Skurriles, Verschrobenes und Karnevalsartiges an. Was in Louis Malles Revolutionsklamauk *Viva Maria!* von 1965 noch als Persiflage auf die Guerillagruppen der Sechziger daherkommt – eine heruntergekommene Schausteller- und Komödiantentruppe zettelt eine Revolution an –, scheint der heutigen Linken zum Vorbild zu geraten.

◆

Herbert Marcuse erklärte 1966 auf dem Prager Hegel-Kongress: »Die Kraft der Negation, wir wissen es, ist heute in keiner Klasse

165 Wolfgang Pohrt: Feindschaft durch Ähnlichkeit. RAF-Ideologie und öffentliches Bewusstsein heute, in: ders.: Zeitgeist, Geisterzeit. Kommentare und Essays, Berlin 1986, 170 f.

166 Ebd.

konzentriert. Sie ist heute noch eine chaotische, anarchische Opposition, politisch und moralisch, rational und instinktiv: die Weigerung mitzumachen und mitzuspielen, der Ekel vor aller Prosperität, der Zwang zu protestieren.«[167]

Diese »Weigerung mitzumachen« und der »Zwang zu protestieren« trafen um 1968 auf Aufstandsbewegungen in der Dritten Welt, Proteste im Ostblock und eine Kulturindustrie, die den Faktor »Jugend« als neues Verkaufssegment entdeckt hatte. Die Kritiker konnten sich auf die revoltierenden Arbeiter und Studenten von Paris, die rebellischen Jugendlichen in Mexiko, die Demonstranten in den Vereinigten Staaten und der Tschechoslowakei, die Tupamaros in Uruguay oder den Vietcong berufen und deren unterschiedliche, teils gegenläufige Aktivitäten als Resultat der gleichen Hoffnung auf Veränderung präsentieren. Die Aussichten auf einen Ausbruch aus dem Kontinuum schienen sowohl der rebellierenden Jugend als auch ihren konservativen Gegnern, die panisch vor dem Untergang des Abendlandes warnten, gut. (Nur ein paar ältere Herren in Frankfurt waren etwas skeptischer.)

Später sollte sich herausstellen, dass die Studenten auf Moralvorstellungen und Institutionen gestoßen waren, die längst zum Hindernis für den ungestörten Fortgang des Immergleichen geworden waren, dass mit der Forderung nach freier Liebe, der Abschaffung des autoritären Obrigkeitsstaats und dem Ende des kostspieligen Kolonialismus also offene Türen eingerannt worden waren. Mit dem Niedergang der Protestbewegung ging die revolutionäre Gewissheit, die den Aufruhr an deutschen Provinzgymnasien als Verlängerung eines weltweiten Kampfs um Befreiung erscheinen

167 Herbert Marcuse: Zum Begriff der Negation in der Dialektik, Vortrag, gehalten vor dem Prager Hegel-Kongress 1966, in: ders.: Ideen zu einer kritischen Theorie der Gesellschaft, Frankfurt/M. 1970, 190.

ließ, verloren. Die »Weigerung mitzumachen« ist seither auf sich selbst zurückgeworfen. Sie kann sich weder auf historische Gesetzmäßigkeiten und ein revolutionäres Subjekt noch auf eine reale Möglichkeit auf Erfolg berufen. Ihr Movens ist allein das Wissen, dass es richtig ist, gegen die verkehrten Verhältnisse anzugehen.

Diese Situation, in der der »Zwang zu protestieren« um seine Erfolgsaussichten gebracht wurde, nähert den Kritiker gegen seinen Willen dem Existentialismus an.[168] Ohne die Aussicht auf Erfolg geraten seine Aktivitäten zur Arbeit um der Arbeit willen. Sie werden betrieben, um nicht selbst kaputtzugehen, den Selbstekel, den das notwendige Mitmachen (physische Reproduktion!) bei kritischen Geistern gelegentlich erzeugt, zu minimieren und die bereits im Jugendalter einsetzende Vergreisung aufzuhalten. Protest und Widerstand nehmen damit ganz existentialistisch einen therapeutischen Charakter an – und nicht umsonst erinnern antifaschistische Organisationen oft an Selbsthilfegruppen, die den verzweifelten Einzelnen Halt geben, Familienersatz bieten und Leuten, die aufgrund ihrer verschrobenen Vorstellungen und Spleens anderswo keinen Anschluss finden würden, Sozialkontakte bescheren.

◆

Im Dezember 1962 benannte Theodor W. Adorno das zentrale Dilemma kritischer Eingriffe in Zeiten »verstellter Praxis«, in Zeiten also, in denen eine politische Praxis, die diesen Namen verdient, in weiter Ferne liegt: »Wer überhaupt Vorschläge anmeldet, macht leicht sich zum Mitschuldigen. [...] Reine Gesinnung jedoch, die sich Eingriffe versagt, verstärkt ebenfalls, wovor sie

168 Zu diesem Gedanken vgl. Bruhn: Der Untergang der Roten Armee Fraktion, 12.

zurückschreckt.« Dieser Widerspruch, so ergänzte er, könne jedoch nicht durch Reflexion geschlichtet werden, weil er von der Wirklichkeit vorgegeben wird.[169]

Von diesem Dilemma, das den Kritiker wahrhaft zur Verzweiflung treiben kann, wollen die Protagonisten der aktuellen Antifa-Debatte jedoch nichts wissen. Während sie erklären, sich über die Bedingungen und Möglichkeiten antifaschistischer Arbeit verständigen zu wollen, bereiten sie nur die nächste Demo vor; während sie von der Kritik der Verhältnisse sprechen, haben sie doch nur die nächste Kampagne im Kopf. Noch in dem Moment, in dem sie kokett auf Adornos *Minima Moralia* oder seine *Negative Dialektik* verweisen, weigern sie sich, die eigene Ohnmacht zu reflektieren.

Diese geschäftige Abdichtung gegen Erkenntnis, die durchaus auch unter dem Deckmantel von Theorie erfolgen kann, lässt vermuten: Wie schon der blinde Aktionismus der Hau-drauf-Antifa ist auch die Betriebsamkeit der theoretisch versierteren Genossen – derjenigen, die ihre Flugblätter mit dem obligatorischen Walter-Benjamin-Zitat beginnen lassen – Instrument bei der Abwehr der Realität: »Man klammert sich an Aktionen um der Unmöglichkeit der Aktion willen.«[170]

Diese Pseudopraxis ist stets nur die Verdopplung dessen, wogegen sie vorzugehen vorgibt.[171] So ähneln linke Plenen, Vernetzungs- und Vorbereitungstreffen mit ihren wichtigtuerischen Protokollen, ihrer Taktiererei und ihren Tages- und Geschäftsordnungstricks nicht nur an Parteitage, Aufsichtsratssitzungen

---

169 Theodor W. Adorno: Vorwort, in: ders.: Eingriffe. Neun kritische Modelle, Frankfurt/M. 1963, 8.

170 Theodor W. Adorno: Resignation, in: ders.: Kritik. Kleine Schriften zur Gesellschaft, Frankfurt/M. 1971, 146.

171 Theodor W. Adorno: Marginalien zu Theorie und Praxis, in: ders.: Stichworte. Kritische Modelle 2, Frankfurt/M. 1969, 188.

oder verwaltungsinterne Dienstbesprechungen. Auch mit den Aktivitäten selbst – vom Plakatmalen über die Flugblattaktion bis hin zur Latsch- oder Scherbendemo – wird nur die allgemeine Konfusion nachgestaltet. Sie sind nur noch graduell vom Hantieren des Heimwerkers zu unterscheiden, der sich nach Feierabend mürrisch in seinen Hobbykeller zurückzieht, um dort Dinge zu basteln, die im Baumarkt nicht nur in besserer Qualität, sondern auch billiger zu erstehen sind.

Hier wie dort sollen in der verhärteten und durchweg vermittelten Gesellschaft Bastionen der Unmittelbarkeit gerettet werden; hier wie dort versuchen sich Einzelne, die ihre Subjektivität und Spontaneität längst verloren haben, vorzumachen, dass es gerade auf sie ankommt.[172] Während der Heimwerker sein Können jedoch an der Funktionstüchtigkeit seiner Bastelarbeit erkennen kann, ist das Erfolgskriterium der Antifa-Arbeit – die ja nach wie vor mehr sein will, als die Konfrontation mit den einschlägigen Trachtenvereinen, nämlich der »Kampf ums Ganze«[173] – ein anderes. Erfolg, der nicht mehr ins Verhältnis zu den eigenen Ansprüchen gesetzt wird, misst sich hier in der Erwähnung der letzten Aktion im Regionalfernsehen, in der Lokalzeitung oder im Verfassungsschutzbericht des Landes. Aktionen geraten daher notwendigerweise zur PR-Aktion, zum Werbegag oder zur Showeinlage. Pseudo-Aktivität, so Adorno, »vermag einzig durch unablässige Reklame sich am Leben zu erhalten«.[174]

Die Vorbereitungen der berühmten »Interventionen in geschichtspolitisch zentrale Events« erinnern dementsprechend an

172 Vgl. Adorno: Resignation, 148.

173 Vgl. die 1998 in hoher Auflage gedruckte Broschüre *Das Konzept Antifa* der Antifaschistischen Aktion Berlin (AAB), in der die damals größte Antifa-Gruppe der Bundesrepublik einmal mehr die Parole »Antifa ist der Kampf ums Ganze« ausgab.

174 Adorno: Marginalien zu Theorie und Praxis, 188.

Sitzungen von Werbeagenturen. Es wird beraten, an welcher Stelle welches Transparent in die Höhe gehalten werden muss, um von einer Fernsehkamera eingefangen und für einen Fünf-Sekunden-Beitrag für die Tagesschau verwurstet werden zu können. Selbst das zentrale Symbol für die Konfrontation mit dem Staat, der Barrikadenbau, ist im Zeitalter von Computer, Kabelfernsehen und Räumpanzer nichts als Reklame. Als strategisches Instrument längst zum Anachronismus geworden, setzt er einzig und allein auf spektakuläre Bilder.

Diese Bilder wiederum setzen ein hohes Maß an Übereinstimmung zwischen Polizei und Demonstranten voraus. So gelingen die Randale in der Regel nur dann, wenn auch die Einsatzleitung daran interessiert ist und zuvor ihr Einverständnis signalisiert hat (durch rüde Vorgehensweise bei geringem Polizeiaufgebot usw.). Darüber hinaus wissen die Einsatzkräfte recht genau, dass die jugendlichen Randalierer die Verhältnisse durch ihr Tun nicht wirklich infrage stellen. Die Beamten beschränken sich bei der Wahl der Mittel dementsprechend auf schmerzhafte, aber in der Regel nicht lebensgefährliche Schlagstöcke, auf Pfefferspray und Tonfas.

Das gleiche abgeklärte Verhalten ist auch bei den Demonstranten zu beobachten. Auch wenn sie das jeweils aktuelle Geländespiel mit den Ordnungshütern als unmittelbare Vorstufe zum letzten Gefecht präsentieren, wissen sie doch heimlich, dass es dabei um nichts geht – dass sie es also auch im eigenen Interesse nicht zu bunt treiben dürfen und beispielsweise auf die »Kritik der Waffen« (Karl Marx) verzichten sollten. Gemeinsam mit der Polizei geben sie so ein Historienstück mit verteilten Rollen; gemeinsam simulieren sie eine Zeit, in der von den Aktivitäten der Menschen wie auch vom persönlichen Geschick Einzelner noch etwas abhing.

Anhang III

Deutschlandsuche. Zum linken Internationalismus

Now you can go where the people are one
Now you can go where they get things done
Dead Kennedys

Es gibt kaum eine Gegend der Erde, in die die deutsche Linke keine Solidaritätsadresse verschickte.[175] Deutsche Internationalisten halfen beim Kaffeepflücken in El Salvador, lernten nordkurdische von südkurdischen Trachten zu unterscheiden, zwangen ihre Kinder Baskisch zu lernen und wussten die politischen Differenzen zwischen den zahllosen palästinensischen Organisationen im Schlaf aufzusagen. Nach jedem Putsch in Südostasien, jeder Krise im Nahen Osten meldeten sich die einschlägigen Landeskunde-Experten zu Wort, informierten über die Interessen des Westens und erklärten die Solidarität zur »Zärtlichkeit der Völker«.

Besondere Zärtlichkeit ließ man jedoch gegenüber Deutschland walten. Egal, wohin die hiesige Linke ihre Liebesgrüße verschickte: Wenn sie über die »unterdrückten Völker«, ihre Kulturen, angestammten Rechte und Pflichten redete, sprach sie oft heimlich über Deutschland. Mit ihrem Internationalismus bediente sie vor allem ihr Bedürfnis nach Heimatkunde, Volk und Vaterland.

175 Dieser Text erschien 2008 unter demselben Titel in einem Internationalismus-Themenheft der Zeitschrift *Phase 2* (26/2008).

◆

Für einen großen Teil der Linken, die sich in den Fünfzigern und frühen Sechzigern politisierten – und sich in Abgrenzung zur »alten« Arbeiterbewegung als Neue Linke bezeichneten –, verbot sich der positive Bezug auf die deutsche Bevölkerung zunächst. Mit der Parole »Trau keinem über Dreißig« signalisierten sie, dass sie wussten, was ihre Eltern, Großeltern und älteren Geschwister in der Nazizeit getrieben hatten.

Das war auch nicht schwer: Durch die Vergasungswünsche, die damals weitaus häufiger als heute formuliert wurden, auf offener Straße geäußerte Forderungen, die Wortführer der Protestbewegung in Konzentrationslager zu sperren, und die weit verbreitete Rede von einem »kleinen Führer«, der nötig sei, um mit den rebellierenden Studenten fertig zu werden, zeigten die Deutschen, dass sie sich trotz Reeducation, Westbindung und der Ablösung des Wehrmacht-Kübelwagens durch den VW-Käfer treu geblieben waren.

Vor dem Hintergrund solcher Erfahrungen suchte sich die Neue Linke ihre Verbündeten zunächst im Ausland. Für einen kurzen Moment schien sie den alten Vorwurf der Vaterlandslosigkeit stolz bestätigen zu wollen: Linke Studenten pappten sich Bilder Che Guevaras in ihre WG-Küchen, begeisterten sich für Ho Chi Minh und rauchten die kubanischen Zigarren, ohne die auch Fidel Castro nie zu sehen war. Diese Verlagerung der revolutionären Sehnsüchte in andere Gegenden der Erde ging jedoch mit einer Retraditionalisierung einher. Studenten und Angehörige der linken Bohème stellten eine Zeit nach, als der linke Zukunftsoptimismus noch weitgehend unbeschadet war, verkleideten sich als Proletarier, lasen Lenin und besorgten sich über den chinesischen Verlag für fremdsprachige Literatur die Worte des Großen Vorsitzenden Mao Tse-tung.

Diese Retraditionalisierung hatte zunächst einen spielerisch-ironischen Unterton:[176] Die antiautoritären Studenten schwenkten die Bilder Lenins und Maos um 1967 weniger aus Begeisterung für Zentralkomitees oder Kasernenhofgehorsam. Mao war einerseits Pop – selbst die Fußball-Legende Paul Breitner posierte vor einem großen Mao-Foto –, andererseits wusste man, dass die Landsleute mit kaum etwas so zu provozieren waren wie mit Bildern des russischen und des chinesischen Revolutionsführers. Den Studenten war klar, dass die Deutschen auf nichts so panisch reagierten wie auf die Vorstellung russischer Panzer auf dem Kurfürstendamm oder der Chinesen am Rhein. (Unvergessen bleibt in diesem Zusammenhang der erschreckte Ausruf des damaligen Bundeskanzlers Kurt Georg Kiesinger von 1969: »Ich sage nur: China, China, China!«) Als Korrektiv zu den auftrumpfenden Texten Lenins und Maos lasen die Vertreter der Protestbewegung dementsprechend Freud, Adorno und Horkheimer.

◆

Dieser ironische Umgang mit den Vordenkern der »alten« Linken hielt jedoch nicht lange an. Je intensiver sich die Protestbewegung auf Lenin und Mao bezog, umso stärker wandelte sich auch ihre Vorstellung von Internationalismus. In der Aufbruchsphase um 1967 pflegte die Neue Linke, wie ein Beteiligter berichtet, noch einen Internationalismus »in einem sehr jüdischen, nämlich kosmopolitischen Sinn«.[177] Soll heißen: Im Protest gegen den

---

176 Vgl. hierzu und zum Folgenden Koenen: Das rote Jahrzehnt, 145.

177 Dan Diner: Linke und Antisemitismus. Überlegungen zur Geschichte und Aktualität, in: Karlheinz Schneider, Nikolaus Simon (Hgg.): Solidarität und deutsche Geschichte. Die Linke zwischen Antisemitismus und Israelkritik, Berlin 1984, 79.

Vietnamkrieg ging es vorerst nicht so sehr um die Verteidigung der Nation Vietnam gegen die Nation Amerika, sondern um das Startsignal für den Kampf für die staaten- und klassenlose Weltgesellschaft. Der »Konterrevolution« sollten, wie es 1968 auf dem Berliner Vietnamkongress hieß, der »globale Befreiungskampf«, der »Kampf gegen die Zerstückelung der Welt und des Menschen« und der Kampf »für eine befreite Welt und einen neuen Menschen« entgegengestellt werden.[178]

Mit zunehmender Orientierung an einem maoistisch interpretierten Marxismus-Leninismus übernahm die Neue Linke jedoch die Verherrlichung der »guten« und »unterdrückten Völker«, die schon vonseiten der Komintern betrieben worden war. Der kosmopolitische Internationalismus, der ohnehin nur kurz und zaghaft aufgeschienen war, wurde von der Glorifizierung des Selbstbestimmungsrechts der Völker und »angestammter Rechte« abgelöst.

Zu dieser Idealisierung von »Ethnizität« gesellte sich – nicht zuletzt bei denjenigen, die sich dem autoritären Parteikommunismus der K-Gruppen, mit deren Gründung die antiautoritäre Phase ab etwa 1970 liquidiert wurde, verweigert hatten – am Ende des Jahrzehnts schließlich die positive Bezugnahme auf Kategorien wie »Kultur«, »Autochthonie« und »kulturelle Identität«. Ähnlich wie die Rechte, die den verpönten Ausdruck »Rasse« nach 1945 zusehends durch den »vornehmen Begriff Kultur« (Theodor W. Adorno) ersetzte, tauschte die Linke das Wort »Volk« im Lauf der Jahre ebenfalls gegen diesen Begriff ein.[179]

Ende der Siebziger, Anfang der Achtziger, so umschreibt der Politikwissenschaftler Ulrich Menzel die Veränderungen dieser Zeit, erfolgte »der Paradigmenwechsel von der politökonomischen

178 In: Dreßen u.a. (Hgg.): Internationaler Vietnamkongress, 64.

179 Theodor W. Adorno: Schuld und Abwehr, in: ders.: Gesammelte Schriften. Bd. 9/2, Frankfurt/M. 1975, 77.

Analyse zur Wiederentdeckung der Kultur«.[180] Hatte die deutsche Linke zunächst ihre revolutionären Sehnsüchte in den Trikont verlagert, bediente sie dort nun ihr Bedürfnis nach Ethnotänzen, Trachtengruppen und Volksmusik. Der Revolutionskitsch, der nach dem Südamerika-Urlaub zuhause als Mitbringsel verteilt wurde, wurde durch Kunstgewerbe ersetzt; das Bild des Commandante Che Guevara verschwand zugunsten von El Cóndor Pasa, Panflöten und Ponchos. Kultur wurde nicht mehr – wie selbst noch von Lenin – als widersprüchliche Größe wahrgenommen. Ihr wurde vielmehr per se ein emanzipatorischer Gehalt und ein Widerstandspotential gegen die kritisierte Vereinheitlichung von Lebensstilen im Kapitalismus zugeschrieben.

Die Kritik an Staat und Kapital mutierte so allmählich zur Kritik der Moderne und der Zivilisation. Antikapitalistische Agitation schlug in antiwestliches Ressentiment um, und die Kritik an Ausbeutung und Unterdrückung wurde zur Kritik der »Amerikanisierung«. Diese Entwicklung wurde durch den »epistemischen Relativismus« (Nick Cohen) der postmodernen Theorie befördert, die seit den Siebzigern eine enorme Anziehungskraft auf die Linke ausübte.[181] Poststrukturalismus und Co. lieferten die akademische Begleitmusik für den Abschied von den universellen Werten der Aufklärung.

Bei denjenigen, die sich nicht vollständig ins Private, in die Toskana oder ins Kunstgewerbe zurückzogen, schlug sich dieser Rekurs auf das national und kulturell Eigene etwa in den Reaktionen auf die Machtübernahme der Mullahs im Iran, die Frauen wieder unter den Schleier zwangen, oder die Politik der Roten Khmer in Kambodscha nieder, der fast acht Millionen Menschen

180 Ulrich Menzel: Das Ende der »Dritten Welt« und das Scheitern der großen Theorie, in: PVS 1/1991, 27.

181 Cohen: What's left?

zum Opfer fielen. Joscha Schmierer, damals Chef des maoistischen Kommunistischen Bunds Westdeutschland (KBW), später Mitarbeiter des Auswärtigen Amts, reiste 1978 mit einer KBW-Solidaritätsdelegation nach Kambodscha und wurde dort freundlich vom Schlächter Pol Pot empfangen; Autoren der Zeitschrift *Autonomie* freuten sich nach der iranischen Revolution von 1979 darüber, »wie die Religion einem Volk als Waffe im revolutionären Kampf dienen kann«.[182]

◆

Während sich die Verherrlichung »unterdrückter Völker«, ihrer Kultur und ihrer »kulturellen Identitäten« zunächst vor allem auf die Dritte Welt bezog, kam schon in zahlreichen Schriften aus den Siebzigern das Bedürfnis zum Ausdruck, die Kategorien des Befreiungsnationalismus auch auf Deutschland anzuwenden. »Über den Umweg der Dritten Welt«, so Dan Diner, »hat sich ein positiver Bezug zur nationalen Identität, zu Deutschland hergestellt.«[183]

Den Hauptfeind verortete die Neue Linke zwar mit Karl Liebknecht weiterhin im eigenen Land. Als zentraler Gegner galt jedoch nicht mehr, wie noch beim Gründungsvater der KPD, die »deutsche Kapitalistenklasse«, sondern als Hauptfeind wurden die amerikanischen und sowjetischen Truppen in der Bundesrepublik und der DDR ausgemacht, die Europa zwei Jahrzehnte zuvor vom nationalsozialistischen Joch befreit hatten. Die Revolutionären Zellen erklärten schon 1976, dass sie ihren Kampf »als den eines kolonisierten Volks, dessen Territorium von der bundesdeutschen Regierung dem US-Imperialismus als Hauptversorgungsgebiet und als militärische und strategische Zentrale«

---

182 Ahlrich Meyer: Die Lehre Dr. Schariatis, in: Autonomie 1/1979.
183 Diner: Linke und Antisemitismus, 77.

bereitgestellt worden sei, betrachten würden.[184] Der Schriftsteller Hermann Peter Piwitt beschwerte sich 1981 in der *Konkret* über ein gedrücktes Nationalgefühl, dem die revolutionären nationalen Traditionen abgeschnitten worden seien, eine »amerikahörige Kultivation« und eine »Yankee-Sprache«, »die mit ›Fighting‹ und ›dope‹, ›Power‹ und ›message‹ uns selbst dort noch beherrscht, wo wir Widerstand leisten«.[185] Und die maoistische KPD/ML ging ab 1975 zur Position der Vaterlandsverteidigung über. Die »Besatzungsmächte und ihre Lakaien«, so ihre Forderung, müssten »von deutschem Boden« vertrieben werden, um ein »vereintes, unabhängiges, sozialistisches Deutschland« zu schaffen.[186]

Diese Versuche, die Kategorien des Befreiungsnationalismus auf die Situation in der Bundesrepublik und Westberlin zu übertragen, gingen mit der Wiederentdeckung des deutschen Volks einher. War die Protestbewegung der Sechziger zumindest teilweise von Adorno, Horkheimer, Marcuse und ihrer pessimistischen Einschätzung des revolutionären Potentials der Arbeiterschaft in den Industrieländern geprägt, trat seit Anfang der Siebziger eine Mischung aus marxistisch-leninistischem Prolet- und maoistischem Volkskult an die Stelle der Auseinandersetzung mit der Kritischen Theorie.

Die deutlichsten Zeichen für diesen Wandel waren die Auflösung des SDS, des Generators der antiautoritären Revolte, und die Gründung der maoistischen Kadergruppen, die sich als Avantgarde des deutschen »werktätigen« Volks betrachteten. Im Rahmen dieser Entwicklung überschrieben die Leninisten von der

184 RZ: Anschlag auf den Offiziersclub der US-Army, Frankfurt [1976], in: Die Früchte des Zorns. Bd. 1, 160.

185 Hermann Peter Piwitt, Gerd Fuchs: Heimat ist ein besetztes Land (Interview), in: Konkret 9/1981.

186 ZK der KPD/ML: Deutschland dem deutschen Volk. Erklärung zur nationalen Frage, in: Der Weg der Partei 1/1974.

RAF ihre zweite programmatische Schrift mit den Worten »Dem Volk dienen«; die KPD/ML gab 1974 die Parole »Deutschland dem deutschen Volk!« aus.[187] Bei einem Krieg zwischen den beiden »Supermächten«, so ihr Vorsitzender Ernst Aust, müsse sich die Partei »mit jedem verbünden, der bereit ist, mit uns gemeinsam jeden Angreifer, jeden Besatzer vom Boden unserer Heimat zu vertreiben«.[188]

In dem Maß, in dem die positive Bezugnahme auf das deutsche Volk zunahm, wurde auch die noch 1967/68 offen kritisierte Nazivergangenheit der ganz normalen Deutschen immer weniger thematisiert. »Das Motiv des Linkswerdens,« so der Soziologe Detlev Claussen, »das ›Nie wieder Auschwitz‹-Postulat, war Mitte der siebziger Jahre so gut wie vergessen.«[189]

Diese Verdrängung stand nicht nur zeitlich, sondern auch programmatisch im unmittelbaren Zusammenhang mit der Wiederentdeckung des deutschen Volks und seines Proletariats, der Bezugnahme auf »kulturelle Identitäten« und der Übertragung der Kategorien des Befreiungsnationalismus auf die Situation in Europa. Alle drei Motive stießen in der Bundesrepublik der Siebziger an eine »absolute Schranke«:[190] Auschwitz. Die Verbrechen des Nationalsozialismus standen der Identifikation mit »dem Volk« – der zentralen Grundlage für die Anwendung der Kategorien des Befreiungsnationalismus auf das Herkunftsland – in Deutschland im Wege.

---

187 Ebd.

188 Ernst Aust: Kampf der wachsenden Kriegsgefahr durch die zwei Supermächte, Dortmund [wohl 1974/75], 18.

189 Detlev Claussen: Im Hause des Henkers, in: Dietrich Wetzel (Hg.): Die Verlängerung von Geschichte. Deutsche, Juden und der Palästinakonflikt, Frankfurt/M. 1983, 117.

190 Dan Diner: Negative Symbiose. Deutsche und Juden nach Auschwitz, in: Babylon 1/1986, 19.

Zwar wurde die deutsche Bevölkerung im Rahmen der linken Vulgärauffassung von Faschismus immer wieder von der Schuld für die Verbrechen des Nationalsozialismus freigesprochen. Allein die Wut und die Vehemenz, mit denen die (von niemandem mehr erhobene) Kollektivschuldthese regelmäßig als »rassistisch« denunziert wurde, zeugen jedoch von der Ahnung der tatsächlichen Integration der Deutschen in das System der nationalsozialistischen Verbrechen.

◆

Die Sehnsucht nach Volk und Vaterland zog für die deutsche Linke eine weitere Feinderklärung nach sich. Gerade zu dem Zeitpunkt, zu dem die Protestbewegung auf Distanz zum kosmopolitischen Internationalismus ging, verabschiedete sie sich auch von ihrer bis dahin gepflegten Freundschaft mit Israel. Hatte sich die Neue Linke in den frühen Sechzigern intensiv für ein Zugehen auf den jüdischen Staat eingesetzt, schwenkte sie nun zu einem strikten Antizionismus um. Der Grund: Die deutschen Verbrechen, von denen die ersehnte Identifikation mit Deutschland behindert wurde, finden ihre Manifestation insbesondere in der Existenz des Staats, der sich als Gemeinwesen der Überlebenden des Holocaust begreift. So ist es nicht möglich, von Israel zu sprechen, ohne auch die Vernichtung der europäischen Juden zu thematisieren.

Dieser Zusammenhang zwischen der Gründung des jüdischen Staats und der deutschen Tat Auschwitz sollte durch die permanenten Gleichsetzungen von Zionismus und Nationalsozialismus suspendiert werden, mit denen die Neue Linke bald fraktionsübergreifend aufwartete. Diese Faschismusvorwürfe hatten eine einfache Funktion. Sie zielten darauf, wie Alain Finkielkraut vor vielen Jahren ausführte, Auschwitz aus dem Gedächtnis der Menschheit verschwinden zu lassen: »Tatsächlich werden sich an dem Tag, an dem man bewiesen hat, dass die Opfer genauso schuldig sind, wie die Henker, die Henker oder die Kinder der Henker erleichtert fühlen.«[191]

Während Israel von linksdeutscher Seite ab 1967/68 neben den Vereinigten Staaten zur zentralen Bastion des Bösen erklärt wurde, stilisierte die Neue Linke die Palästinenser, die ihr bis dahin als Vertreter der Reaktion gegolten hatten, zum revolutionären Subjekt per se. Aufgrund ihrer Feindschaft zu Israel, dessen pure Existenz die euphorische Deutschlandsuche der Neuen Linken behinderte, wurden die diversen palästinensischen Organisationen zu den zentralen Identifikationsgrößen des deutschen Internationalismus. »Was die Palästinenser für die westdeutsche Linke so sympathisch macht, was ihr erlaubt, sich mit den Palästinensern zu identifizieren,« so kommentierte Wolfgang Pohrt diese Wahlverwandtschaft Anfang der Achtziger polemisch, »ist die Annahme, die Palästinenser führten eigentlich einen Stellvertreterkrieg für genuin deutsche Wünsche, Vorstellungen und Ideale: für völkische Einheit und nationale Selbstbestimmung auf heimatlicher Scholle«. Die Palästinenser würden als »der große militante Heimatvertriebenenverband« firmieren, »den die Westdeutschen [...] gern hätten, den sie sich aber nicht leisten können«.[192]

Zwar gab es, wie es die Chronisten des deutschen Internationalismus regelmäßig betonen, in den Siebzigern und Achtzigern weniger Palästinakomitees als Solidaritätsgruppen für El Salvador, Chile oder Nicaragua. Sie waren jedoch auch nicht in großer Zahl nötig. Denn keinem Verein in der Dritten Welt hielten die hiesigen

---

191 Zit. n. Susann Heenen: Deutsche Linke, linke Juden und der Zionismus, in: Wetzel (Hg.): Die Verlängerung von Geschichte, 104.

192 Wolfgang Pohrt: Entlastung für Auschwitz. Palästina, Israel und die Deutschen, in: ders.: Kreisverkehr, Wendepunkt. Über die Wechseljahre der Nation und die Linke im Widerstreit der Gefühle, Berlin 1984, 13.

Freunde der Völker und Kulturen so lange die Treue wie der PLO; bei keinem Konflikt ähnelten sich die Sprachmuster, Redewendungen und Analysen der sonst zutiefst verstrittenen Haschrebellen, Freudomarxisten, Pablisten, Lambertisten, Salon- und Werktorbolschewisten so sehr wie bei den Auseinandersetzungen im Nahen Osten. Die gesamte Linke war, mit anderen Worten, ein riesiges Palästinakomitee; ihr Mitgliedsausweis war das Palästinensertuch, das als strömungsübergreifender Zugehörigkeitsbeweis zur Linken galt.

◆

Im Rückblick betrachtet, scheint sich hinter dem Aufbegehren der frühen Protestbewegung gegen den »Muff von tausend Jahren« – einem der zentralen Hintergründe ihres Internationalismus – weniger Kritik an Deutschland verborgen zu haben. Die Vertreter der Neuen Linken dürften ihren Eltern und Großeltern Auschwitz nicht zuletzt deshalb übel genommen haben, weil der Massenmord die Identifikation mit Volk und Vaterland erschwerte.

Diese Zeit ist inzwischen vorbei. Die parlamentarische Linke und ihre außerparlamentarischen Vorfeldorganisationen begreifen Auschwitz schon seit einigen Jahren nicht mehr als die ultimative narzisstische Kränkung des nationalen Kollektivs. Zu den Kernstücken der Erinnerung gehören inzwischen weniger die Aufrechnung und die Relativierung der deutschen Verbrechen als das Bekenntnis zur Singularität von Auschwitz und der regelmäßig demonstrierte Bruch mit der Vergangenheit. Gerade hieraus zieht das neue Deutschland seinen Geltungsdrang. Der »historisch beispiellose Mord an Millionen von Menschen«, als den inzwischen selbst CDU-Politiker den Holocaust bezeichnen,[193] ist die

193 Angela Merkel: Auschwitz. Müssen wir uns heute noch schuldig fühlen?, in: Der Stern, 27.1.2005.

Voraussetzung für die »historisch beispiellose« Aufarbeitung der Geschichte, mit der die Bundesrepublik ihre Rolle auf dem internationalen Parkett rechtfertigt. Aus dem »Bekenntnis zur eigenen Scham«, so umschrieb Hermann L. Gremliza die Funktionen dieser Verwandlung vor einigen Jahren, soll »den Deutschen das Recht erwachsen, an anderen moralisch Maß zu nehmen«.[194] Bei dieser Politik, mit der doch noch Gewinn aus der Vernichtung geschlagen wird, sind die vormaligen linken Revolutionäre, die ihren Marsch durch die Institutionen inzwischen beendet haben, nicht nur dabei. Sie sind vielmehr ihre entscheidenden Stichwortgeber. Ihre Deutschlandsuche war insofern überaus erfolgreich.

---

194 Hermann L. Gremliza: Wenn die Deutschen Auschwitz nicht erfunden hätten, hätten sie Auschwitz erfinden müssen, in: Wolfgang Schneider (Hg.): Wir kneten ein KZ. Aufsätze über Deutschlands Standortvorteil bei der Bewältigung der Vergangenheit, Hamburg 2000, 9.

Anhang IV

Fließende Grenzen. Von der Stadtguerilla zum Dschihad

Immer weiter,
es geht immer weiter
Hammerhead

Am 23. September 1991 explodierte am Rand der Zufahrtsstraße zum Budapester Flughafen Ferihegy eine Autobombe.[195] Das Ziel war ein vorbeifahrender Bus mit sowjetischen Juden, die über Ungarn nach Israel auswandern wollten. Es handelte sich vor allem um Familien mit kleinen Kindern. Der ferngezündete Sprengsatz verfehlte sein Ziel nur knapp. Vier Insassen wurden leicht, zwei Polizisten, die dem Bus vorausfuhren, schwer verletzt. Eine palästinensische Bewegung zur Befreiung Jerusalems bekannte sich zu dem Anschlag. Geplant hatte ihn jedoch Horst Ludwig Meyer, ein Militanter der Roten Armee Fraktion. Andrea Klump, die ebenfalls zum Umfeld der RAF gehörte, war an den Vorbereitungen beteiligt. Beide waren in den Achtzigern mit Hilfe der RAF im Libanon untergetaucht, wo sie mit palästinensischen Organisationen zusammenarbeiteten.

195 Dieser Essay führt die Gedanken aus zwei Texten zusammen, die zu unterschiedlichen Zeiten entstanden sind. Der Haupttext erschien 2015 unter dem Titel »Fließende Grenzen« in der Wochenzeitschrift *Jungle World* (10/2015). Er wurde ergänzt um Überlegungen aus dem Aufsatz »Auf der Suche nach Normalität. Der Antizionismus der westdeutschen Stadtguerilla«, der erstmals 2001 in den *Hallischen Beiträgen zur Zeitgeschichte* (10/2001) erschien.

◆

Das Attentat von Budapest stand in einer langen Tradition. Spätestens mit dem Junikrieg 1967 waren große Teile der Neuen Linken in der Bundesrepublik und Westberlin von der Solidarität mit dem jüdischen Staat zum Antizionismus übergegangen. Dieser Kurswechsel mag anfangs noch eine durch die Dritte-Welt-Ideologie vermittelte Reaktion darauf gewesen sein, dass sich das kleine, bis dahin großzügig bemitleidete Israel mit der Eroberung der Westbank, des Golan, des Gazastreifens und des Sinai in eine militärisch beeindruckende Territorial- und Besatzungsmacht verwandelt hatte.[196]

Der antizionistische Furor, der bald folgte, stand jedoch nur noch vermittelt im Zusammenhang mit der Situation im Nahen Osten. Sein Hintergrund war weniger die Lage zwischen Mittelmeer und Jordan als zwischen Hamburg und München, Frankfurt und Berlin. Die Neue Linke war in die Krise geraten; die APO zeigte deutliche Auflösungserscheinungen. Der politische Generalstreik, zu dem der SDS-Vordenker Hans-Jürgen Krahl in seiner Römerbergrede aufgerufen hatte,[197] blieb aus;

---

196 Bereits in dieser Zeit waren allerdings auch Dinge maßgeblich, die wenig mit der Situation im Nahen Osten zu tun hatten. So begann der Junikrieg nur drei Tage nach der Erschießung des Studenten Benno Ohnesorg am Rande einer Demonstration gegen den Berlin-Besuch des Schahs von Persien. Gerade die Publikationen des Springer-Verlags, die seit Monaten gegen die Protestbewegung gehetzt hatten, feierten den Sieg Israels mit einer wahren Blitzkriegsbegeisterung. Nachdem sich auch andere konservative Kreise euphorisch zu Israel bekannten, schien die Linke ihre Solidarität in einer Art Spiegelspiel von den Positionen der Konservativen und Rechten abhängig machen zu wollen.

197 Hans Jürgen Krahl: Römerbergrede [1968], in: ders.: Konstitution und Klassenkampf. Zur historischen Dialektik von bürgerlicher Emanzipation und proletarischer Revolution, Frankfurt/M. 1971, 154.

die Notstandsgesetze wurden Ende Mai 1968 verabschiedet. Das Zentrum der Revolte verlagerte sich nach dem kurzen Mobilisierungserfolg des Sommers 1968 wieder in die Universitäten zurück.

Darüber hinaus erodierten einige der internationalen Bezugsgrößen der Protestbewegung. Die »Neue Linke«, so kommentierte der Soziologe Michael Landmann, »ist für die Wachhaltung ihres eigenen revolutionären Impetus auf die Identifikation mit den außereuropäischen Befreiungsbewegungen angewiesen. Aber der Vietnamkrieg deeskaliert, sein Empörungsreiz stumpft sich ab; in Südamerika hat sich Che Guevaras Ankündigung nicht genügend profiliert. Im Kampf der Araber gewinnt die Neue Linke wieder den für sie unentbehrlichen Außenbezug.«[198]

So löste der sogenannte Nahostkonflikt den Vietnamkrieg als einigenden Mobilisierungsfaktor ab. Die verschiedenen Fraktionen der zerfallenden Protestbewegung bewahrten ihre längst verlorene politische Einheit ausgerechnet in der Agitation gegen Israel. Die Besonderheit der arabischen Kriegsführung, die sich nach der Niederlage der syrischen, ägyptischen und jordanischen Armeen im Juni 1967 zwischen spektakulären Einzelaktionen, Guerillakampf und unterschiedslosem Terror bewegte, kam der Identifikation mit Jassir Arafat, George Habash oder der frauenbewegten Militanz-Ikone Leila Khaled deutlich entgegen.

Der Wandel der arabischen Strategie fiel ebenso zufällig wie effektvoll mit den Debatten über den »bewaffneten Kampf« in den Metropolen zusammen. So kam es, dass am Anfang der deutschen Stadtguerilla nicht die Solidarisierung mit dem Vietcong, sondern mit dem palästinensischen Krieg gegen Israel stand: Am 9. November 1969, dem 31. Jahrestag der Pogrom-

---

198 Michael Landmann: Das Israelpseudos der Pseudolinken [1971], Freiburg/Br. 2013, 41.

nacht von 1938, deponierten die Tupamaros Westberlin, eine Vorgängerorganisation der Bewegung 2. Juni, eine Bombe im Jüdischen Gemeindehaus in Westberlin.[199] Sie sollte bei einer Gedenkveranstaltung explodieren, an der rund 250 Personen teilnahmen. Der Zündmechanismus des Sprengsatzes versagte jedoch.

In einem Bekennerschreiben erklärten die Attentäter, dass »jede Feierstunde in Westberlin und der BRD« unterschlage, dass »die Kristallnacht von 1938 heute tagtäglich von den Zionisten in den besetzten Gebieten, in den Flüchtlingslagern und in den israelischen Gefängnissen« wiederholt werde. Sie verstiegen sich schließlich zu der Behauptung, dass aus »den vom Faschismus vertriebenen Juden [...] selbst Faschisten geworden« seien, die gemeinsam »mit dem amerikanischen Kapital das palästinensische Volk ausradieren« wollten.[200]

Dem missglückten Anschlag auf das jüdische Gemeindehaus war eine militärische Grundausbildung von Mitgliedern der Tupamaros Westberlin in einem palästinensischen *boot camp* in Jordanien vorausgegangen. Sie seien mit dem »totalen Willen zu kämpfen« aus dem Nahen Osten zurückgekehrt, erinnerte sich ein Mitstreiter. Die Bombe im Jüdischen Gemeindehaus sollte der »Beginn der Guerilla in Deutschland« sein.[201]

Im folgenden Jahr ging auch der Gründungskreis der RAF nach Jordanien. Zwischen Juni und Augst 1970 lernten mehr als ein Dutzend Mitglieder der Gruppe von ihren palästinensischen Genossen den Umgang mit Handfeuerwaffen, Handgranaten und Sprengstoff.

---

199 Eingehender: Wolfgang Kraushaar: Die Bombe im Jüdischen Gemeindehaus, Hamburg 2005.

200 Schwarze Ratten, TW: Schalom + Napalm [Bekennerschreiben], in: Agit 883 40/1969.

201 Michael »Bommi« Baumann: Wie alles anfing [1975], o.O. 1991, 77 f.

Darüber hinaus wurden sie in den Grundlagen militärischer Taktik geschult – eine Ausbildung, die ihnen bald große Dienste leistete.

◆

Inhaltlich gehörten die Bezüge auf den israelfeindlichen Kampf der Palästinenser ohnehin zum Standardrepertoire der deutschen Stadtguerilla. Die Revolutionären Zellen führten den Antizionismus in der ersten Ausgabe ihrer illegal produzierten Zeitschrift *Revolutionärer Zorn* als einen ihrer drei Schwerpunkte auf.[202] Sie waren die Stadtguerillagruppe mit der umfangreichsten israelfeindlichen Praxis.[203]

Die RAF widmete dem jüdischen Staat sogar ein ganzes Strategiepapier. Nachdem die palästinensische Terrororganisation Schwarzer September bei den Olympischen Spielen 1972 in München israelische Sportler als Geiseln genommen hatte, schrieb die RAF-Mitbegründerin Ulrike Meinhof eine Erklärung, die als offizielle Stellungnahme dazu gedacht war. Darin lobte sie die Aktion als »antiimperialistisch, internationalistisch und antifaschistisch«. Die deutsche Linke könne am Vorgehen des Schwarzen September ihre eigene »politische Identität« wiederfinden, so Meinhof. Denjenigen, die sich durch die Ermordung der israelischen Sportler verunsichert zeigten, versicherte Meinhof, dass es dafür keinen Grund gebe: »An der Aktion des Schwarzen September in München gibt es nichts misszuverstehen. Sie haben Geiseln genommen von einem Volk, das ihnen gegenüber Ausrottungspolitik betreibt.« Alle Trauerbekundungen Israels seien Heuchelei, es vergieße »Krokodilstränen«, weil es seine Sportler »verheizt« habe »wie die Nazis die Juden – Brennmaterial für die imperialistische Ausrottungspolitik«.[204]

---

202 RZ: Revolutionärer Zorn Nr. 1 [1975], in: Die Früchte des Zorns. Bd. 1, 88.
203 Vgl. eingehender dazu Gerber: Auf der Suche nach Normalität.
204 RAF: Die Aktion des Schwarzen September in München. Zur Strategie

In den nächsten Jahren wurde die gegen Israel gerichtete Zusammenarbeit zwischen der deutschen Stadtguerilla und palästinensischen Gruppen noch enger. Schon die Geiselnehmer von München hatten neben der Freilassung von etwa 200 palästinensischen und eines japanischen Inhaftierten auch die Übergabe Ulrike Meinhofs gefordert. Bei der Vorbereitung sollen sie organisatorisch von Wilfried Böse, einem Mitbegründer der Revolutionären Zellen, unterstützt worden sein.[205]

Im Sommer 1973 wurden das RAF-Mitglied Helmut Pohl und Margit Schiller, die zuvor eine Haftstrafe wegen der Unterstützung der Gruppe abgesessen hatte, damit beauftragt, in Amsterdam zusammen mit zwei Fatah-Mitgliedern eine El-Al-Maschine zu kapern. Alles war vorbereitet, nur das Startsignal des zuständigen Fatah-Funktionärs Ali Hassan Salameh (Kampfname: Abu Hassan), Gründer des Schwarzen September, blieb aus. In ihren Memoiren vermutete Schiller rund dreißig Jahre später, dass die Palästinenser ihre Kräfte auf den für Oktober geplanten Überfall auf Israel, den Yom-Kippur-Krieg, konzentrieren wollten.[206] Sie ging daraufhin in die Bundesrepublik zurück und beteiligte sich am Wiederaufbau der RAF, die nach der Verhaftung ihrer Führungsriege 1972 handlungsunfähig geworden war. Auch hier halfen palästinensische Gruppen. Ohne ihre Unterstützung, so das ehemalige RAF-Mitglied Peter-Jürgen Boock, wäre die

---

des antiimperialistischen Kampfes [1972], in: Rote Armee Fraktion. Texte und Materialien zur Geschichte der RAF, Berlin 1997, 152 f., 177, 173.

205 Benjamin Weinthal: Why is Germany silent on Corbyn's Praise of Munich Terrorists?, in: Jerusalem Post, 5.9.2018. Weinthal bezieht sich hier auf eine Aussage des Politikwissenschaftlers Wolfgang Kraushaar. Vgl. auch Hans-Joachim Klein: »Den Papst einen Monat lang ausspioniert«, in: Der Spiegel, 6.8.1978.

206 Margrit Schiller: »Es war ein harter Kampf um meine Erinnerung«. Ein Lebensbericht aus der RAF, Hamburg 1999, 121.

deutsche Stadtguerilla »von Mitte der siebziger bis Anfang der achtziger Jahre nicht mehr oder nur sehr bedingt aktionsfähig gewesen«.[207]

Im Juni 1976 kaperte schließlich ein gemeinsames Kommando aus Mitgliedern der palästinensischen Wadi-Haddad-Gruppe und der Revolutionären Zellen eine Air-France-Maschine, die von Paris nach Tel Aviv unterwegs war. Sie wurde nach Entebbe in Uganda umgeleitet. Im Flughafengebäude von Entebbe trennten die beiden deutschen Mitglieder des Kommandos, eins davon jener Wilfried Böse, der die Mitglieder des Schwarzen September 1972 bei der Quartiersuche in München unterstützt haben soll, jüdische von nicht-jüdischen Passagieren. Brigitte Kuhlmann, auch sie eine Mitbegründerin der Revolutionären Zellen, schlug einem Mann die Kippa vom Kopf.[208] Nachdem sich die Geiseln

---

207 Zit. n. Gunther Latsch: Eldorado der Linksguerilla, in: Spiegel Special 2/2004.

208 In den letzten Jahren ist von altautonomer Seite gelegentlich behauptet worden, dass die Entführung nicht antisemitisch, sondern »nur« antizionistisch gewesen sei. Dafür steht insbesondere der Sammelband: Markus Mohr (Hg.): Legenden um Entebbe. Ein Akt der Luftpiraterie und seine Dimensionen in der politischen Diskussion, Münster 2016. Bezugspunkt dieser Behauptungen ist ein Aufsatz aus dem *Jahrbuch für Antisemitismusforschung*. Dort haben Alexander Sedlmaier und Freia Anders gezeigt, dass sich auch unter den freigelassenen Geiseln Juden aus Israel und anderen Staaten befanden. (Alexander Sedlmaier, Freia Anders: »Unternehmen Entebbe« 1976. Quellenkritische Perspektiven auf eine Flugzeugentführung, in: Jahrbuch für Antisemitismusforschung 22/2013) Wie es dazu kam, lässt sich, wie auch die beiden Autoren konstatieren, nicht mehr rekonstruieren. Viele Möglichkeiten gibt es jedoch nicht: Vielleicht nahm das Kommando die Selektion anhand der Staatsbürgerschaft vor, vielleicht konnten die freigelassenen Geiseln ihre Herkunft geheim halten. Möglicherweise wollten sich die Entführer auch nur derjenigen entledigen, die sie für weniger pflegeleicht hielten: Unter den freigelassenen Israelis befanden sich viele Kinder und ältere Frauen. Zugleich zeigen Sedlmaier und Anders, dass auch Juden ohne israelischen Pass in der Gewalt des Kommandos blieben.

eine Woche in der Hand der Entführer befanden, wurden sie in der Nacht zum 4. Juli 1976 von einer israelischen Spezialeinheit befreit. Die Geiselnehmer und etwa zwanzig ugandische Soldaten wurden bei der Kommandoaktion erschossen, drei Geiseln fanden den Tod. Die 75jährige Dora Bloch, die während der Entführung in ein Krankenhaus in Kampala eingeliefert worden war, wurde nach der Befreiungsaktion wohl auf Befehl des ugandischen Diktators Idi Amin ermordet.[209]

Im folgenden Jahr drangen schließlich die ersten Informationen über das Innenleben der Revolutionären Zellen an die Öffentlichkeit. Das Nachrichtenmagazin *Der Spiegel* veröffentlichte

---

Einige von ihnen wollten ihre Leidensgenossen nicht verlassen. In mindestens einem Fall lässt sich nachweisen, dass ein orthodox gekleideter Jude – kein Israeli – von den Entführern festgehalten wurde. Keinen Zweifel lassen Sedlmaier und Anders auch daran, dass die Geiselnehmerin Brigitte Kuhlmann einem Mann die Kippa vom Kopf schlug. Wenn Mohr und seine Mitstreiter für die Selektion von Entebbe eine Trennung zwischen Antizionismus und Antisemitismus behaupten, übersehen sie absichtsvoll, dass der linke Antizionismus nach Auschwitz eine Spielart des sekundären Antisemitismus ist. Der Kampf gegen Israel ist nicht zuletzt dadurch motiviert, dass Israel ein jüdischer Staat ist, der noch dazu als Reaktion auf den Holocaust gegründet wurde. Zur Kritik an den Positionen Mohrs und anderer vgl. Martin Jander: Kunzelmanns Erben, in: Jungle World 13/2017; Jan Gerber: Die Stunde des linken Revisionismus, in: Jungle World 22/2017.

209 In einer früheren Version dieses Texts heißt es fälschlicherweise, dass Dora Bloch eine ehemalige KZ-Insassin war. Dieser Irrtum geht auf zwei Erklärungen der Revolutionären Zellen zurück, in denen explizit auf Dora Bloch verwiesen und erklärt wird, dass »die einzige Geisel, die die Flugzeugentführung nicht überlebte, ausgerechnet eine ehemalige KZ-Inhaftierte war«. RZ: Wir müssen so radikal sein wie die Wirklichkeit, in: Die Früchte des Zorns. Bd. 1, 63; dies.: Gerd Albartus ist tot, in: ebd., 24. Der Fehler wurde in vielen Texten über Entebbe übernommen. Etwa: Annette Vowinckel: Der kurze Weg nach Entebbe oder die Verlängerung der deutschen Geschichte in den Nahen Osten, in: Zeithistorische Forschungen 2/2004, 237.

einen offenen Brief des ehemaligen RZ-Mitglieds Hans-Joachim Klein. Darin distanzierte er sich von der Guerilla. Klein hatte im Dezember 1975 zusammen mit drei arabischen Terroristen, Gabriele Kröcher-Tiedemann von der Bewegung 2. Juni und dem Venezolaner Ilich Ramírez Sánchez, besser bekannt als »Carlos«, die Konferenz der Organisation der erdölproduzierenden Länder (OPEC) in Wien überfallen. Elf Minister, 22 Delegierte und zahlreiche Angestellte der OPEC wurden als Geiseln genommen. Damit sollten die erdölproduzierenden Staaten gezwungen werden, den Kampf der Palästinenser stärker als bisher zu unterstützen. Nach Verhandlungen hatte das Kommando freien Abzug erhalten und konnte mit den Ministern und den Delegierten nach Algerien ausfliegen.

Im Februar 1976 hatte sich Klein dazu entschlossen, sich aus dem »bewaffneten Kampf« zurückzuziehen. Er wandte sich an den Spiegel, um zwei Morde zu verhindern, wie er in seinem Schreiben erklärte: »Die zwei, die umgebracht werden sollen, damit die Logistik der ›Revolutionären‹ Zellen wieder stimmt, sind zum einen: der Gallinsky von der jüdischen Gemeinde in Westberlin.«[210] Bei dem anderen handele es sich um den Vorsitzenden der jüdischen Gemeinde in Frankfurt am Main.

Ohne konkret auf die von Klein behaupteten Anschlagspläne einzugehen, wurde in einem Antwortschreiben der Revolutionären Zellen erklärt, dass seine Behauptungen nichts als »Dreck und Lügen« seien.[211] Wenige Zeilen später wurde die Empörung über die angeblichen Unterstellungen Kleins jedoch wieder relativiert.

---

210 »Ich habe genug angestellt.« OPEC-Terrorist Hans-Joachim Klein enthüllt Attentatspläne. Sein Brief an den Spiegel, in: Der Spiegel, 9.5.1977. Der Name Heinz Galinskis ist im Original falsch geschrieben.

211 RZ: Die Hunde bellen, und die Karawane zieht weiter [1977], in: Die Früchte des Zorns. Bd. 1, 194.

Die Autoren deuteten an, dass Aktionen gegen Vorsitzende jüdischer Gemeinden nicht grundsätzlich zu verurteilen seien: »Z.B. Galinski: ihr fahrt auf HJKs [Hans-Joachim Kleins, J.G.] Horrorstory ab, statt zu überlegen, welche Rolle Galinski spielt für die Verbrechen des Zionismus, für die Grausamkeiten der imperialistischen Armee Israels, welche Propaganda- und materielle Unterstützungsfunktion dieser Typ hat, der alles andere ist, als nur ›jüdischer Gemeindevorsitzender‹, und: was man in einem Land wie dem unseren dagegen machen kann.«[212]

Im November 2000 bestätigte schließlich ein ehemaliges Mitglied der Revolutionären Zellen, dass die Wadi-Haddad-Gruppe, mit der die RZ damals zusammenarbeiteten, Galinski zeitweise tatsächlich für »irgendeine Art von politischer Aktion« im Auge hatte. Für die Revolutionären Zellen hatte, wie er im Rückblick erklärte, »der gemeinsame Kampf mit den Palästinensern überhaupt nichts mit Antisemitismus zu tun«: »Dass man [...] unseren Widerstand als antisemitisch abtun wollte, zumal wir Deutsche seien, haben wir nicht akzeptiert.«[213]

◆

Trotz solcher Aktionen und Planungen besaß der Anschlag von Budapest eine neue Qualität. Die Westberliner Bombenleger von 1969 hatten in ihrer Irrlogik noch auf die symbolische Wirkung

---

212 Ebd., 195

213 Gerd Schnepel: Die Carlos-Haddad-Connection [Interview], in: Jungle World 48/2000. Andere Mitglieder der Revolutionären Zellen berichteten, dass es auch deshalb nicht zu einer »schnelle[n] und harte[n] Reaktion« auf die Beendigung der Geiselnahme von Entebbe gekommen sei, weil eine besonnenere Fraktion der RZ den »Hardlinern« das Material entwendete. Geschichten des Zorns [leicht gekürzte Version von: Rauchzeichen. Ein Rückblick auf 20 Jahre RZ], in: Jungle World 25/2001.

ihres Anschlags auf das Jüdische Gemeindehaus und das Datum des Attentats gesetzt; die Flugzeugentführungen, mit denen die Palästinenser nach 1967 hervortraten, dienten darüber hinaus zumeist dem Zweck, Häftlinge freizupressen. So sollten die Geiseln von Entebbe gegen 53 Inhaftierte aus israelischen, deutschen, französischen und schweizerischen Gefängnissen ausgetauscht werden. Mit der Entführung der Lufthansa-Maschine »Landshut« im Oktober 1977 wollte die Wadi-Haddad-Gruppe während des »Deutschen Herbsts« die Entführer des deutschen Arbeitgeberpräsidenten Hanns Martin Schleyer unterstützen.

Bei dem Anschlag von Budapest war der Terror hingegen zum Selbstzweck geworden. An ihn war keine politische Forderung mehr gebunden. Die Attentäter setzten zudem nicht mehr auf die symbolische Wirkung, sondern nur noch auf die Ermordung möglichst vieler Juden.

Auch die Forderung nach der »Befreiung Jerusalems«, auf die sich die Bombenleger von Budapest mit ihrem Gruppennamen bezogen, zeigt eine Verwandlung an. Sie steht für die Veränderung des antiimperialistischen Bezugssystems der Attentäter. Zwar erklärte die Fatah in ihrer Verfassung von 1964, dass Jerusalem die Hauptstadt des angestrebten palästinensischen Staats sein solle. Aufgrund ihrer religiösen Bedeutung hatten Jassir Arafat und andere PLO-Führer in den Siebzigern jedoch nur selten von der Stadt gesprochen. Die zentrale palästinensische Referenzgröße war nicht der Islam, sondern der Panarabismus. Insbesondere die Kader der PFLP, lange Zeit die zentrale Terroragentur innerhalb der PLO, und ihrer zahlreichen Spaltprodukte kamen oft nicht aus muslimischen, sondern aus christlichen Familien. Das gilt für ihre Gründer George Habasch und Wadi Haddad ebenso wie für Leila Khaled. Auch sie erwähnten Jerusalem nur in Ausnahmefällen.

Zweifellos konnte bereits in dieser Zeit kaum übersehen werden, dass der arabische Kampf gegen Israel nicht allein auf einem

Konflikt um Land und historische Ansprüche basierte. Im Gegenteil, die antisemitische Grundierung des arabischen Nationalismus war oft deutlich präsent. Ein Mitglied der Revolutionären Zellen berichtete später, dass einigen palästinensischen Bündnispartnern »jeder, der Juden umgebracht hatte, politisch nahe zu stehen« schien.[214] Das hatte eigentümliche Allianzen zur Folge. Schon in der Vorbereitungsphase des Attentats auf die israelische Olympiamannschaft in München soll der Schwarze September nicht nur vom RZ-Mitbegründer Wilfried Böse unterstützt worden sein, sondern auch von anderer Seite: Der deutsche Neonazi Willi Pohl besorgte nach eigener Aussage Autos und chauffierte Mohammed Daoud Oudeh (Kampfname: Abu Daoud), den Drahtzieher der Geiselnahme, durch die Bundesrepublik.[215]

Der RZ-Aussteiger Hans-Joachim Klein berichtete von ähnlichen Kooperationen. Als er und seine Mitstreiter Mitte der Siebziger im Nahen Osten für den »bewaffneten Kampf« trainierten, sollen am selben Ort auch Rechtsextremisten ausgebildet worden sein: »Es war ein riesiges Camp, oben unsere Häuser, unten ihre. Räumlich waren wir getrennt, aber sie sangen ihre faschistischen Lieder, und wir, sozusagen die Linksradikalen, unsere revolutionären!«[216]

---

214 Schnepel: Die Carlos-Haddad-Connection. Schnepel berichtete zugleich von gegenteiligen Erfahrungen, brachte aber auch mehr als zwanzig Jahre später noch ein gewisses Verständnis für die Judenfeindschaft seiner palästinensischen Genossen auf: »Es gab in den arabischen Gruppen immer wieder Leute, die nicht differenzierten und analysierten und die dann mit Sprüchen ankamen wie ›Hitler war gut, weil …‹. Aber sie kämpften eben seit dreißig Jahren gegen Israel und damit natürlich in ihrem Verständnis als ›die Araber‹ gegen ›die Juden‹.« Ebd.

215 Vgl. Deutsche Neonazis halfen Olympia-Attentätern, in: Der Spiegel, 17.6.2012.

216 Interview mit Hans-Joachim Klein. Irgendwo Januar 1985, in: Daniel Cohn-Bendit: Wir haben sie so geliebt, die Revolution, Frankfurt/M. 1987, 164.

Weder solche Allianzen noch die judenfeindlichen Tendenzen des arabischen Nationalismus sorgten auf linker Seite jedoch für größere Distanzierungsbedürfnisse. Es spricht stattdessen vieles dafür, dass der Antisemitismus in seinen unterschiedlichen Ausprägungsformen zu den subkutanen Bändern gehörte, die beide Parteien miteinander verbanden: Durch die Existenz Israels wurde die deutsche Linke permanent an die Verbrechen ihrer Eltern erinnert; die Existenz des jüdischen Staats behinderte in dieser Zeit, in der man noch nicht gelernt hatte, erinnerungspolitisches Kapital aus Auschwitz zu schlagen, die ersehnte Identifikation mit Deutschland. Der Kampf gegen Juden, die »selbst Faschisten geworden« seien,[217] wie es bei den Tupamaros Westberlin hieß, bot projektiv Entlastung; die Palästinenser dienten aufgrund nationaler Wünsche und Bedürfnisse als Identifikationsfigur.

◆

Dennoch dürfte die Zusammenarbeit der deutschen Stadtguerilla mit palästinensischen Gruppen dadurch erleichtert worden sein, dass der Panarabismus im sozialistischen Gewand auftrat. Hierfür war weniger der Offiziersnachwuchs verantwortlich, der im Zuge der Dekolonisierung fast überall in der arabischen Welt die Macht übernommen hatte. Vielmehr waren es ausgerechnet die Sowjetunion und das System der Blockkonfrontation, die dafür sorgten, dass die neulinke Verlagerung revolutionärer Sehnsüchte in den Trikont nicht ausschließlich projektiven Charakter hatte.

Denn die Mächte in der Dritten Welt, die von Moskau unterstützt wurden, mussten sich oft an den Fortschritts- und Emanzipationsvorstellungen des Marxismus-Leninismus orientieren.

---

217 Schwarze Ratten, TW: Schalom + Napalm.

In Anlehnung an die Kampagnen, die die Sowjetunion in den Zwanzigern in ihren zentralasiatischen Republiken durchgeführt hatte, wurden einige der als rückschrittlich begriffenen Traditionen bekämpft. Es wurden Initiativen gegen Analphabetismus ins Leben gerufen; Frauen wurden offiziell gleichberechtigt. Auf diese Weise trugen die Existenz, die Anweisungen und Forderungen der Sowjetunion gelegentlich dazu bei, dass die Programmatik ihrer Verbündeten in der Dritten Welt entschärft wurde. Das betraf vor allem diejenigen, die weniger aus sozialrevolutionären als aus antiwestlichen Gründen den Beistand Moskaus gesucht hatten.

Schon mit der Entspannungspolitik der Siebziger ließ der mäßigende Einfluss der Sowjetunion jedoch nach. Die Rede vom Sozialismus verlor auch in der Dritten Welt an Ausstrahlungskraft; die ethnischen und religiösen Konflikte des 19. Jahrhunderts kehrten ebenso zurück wie einige Ideologien der Zwischenkriegszeit. Beides war in der Hochphase der Blockkonfrontation gleichermaßen stillgelegt wie überformt worden. Mit dem Ende des Kalten Kriegs wurden solche Konflikte zur Regel; die Sowjetunion verschwand vollends als Korrektiv der Bewegungen im »globalen Süden«, wie die vormalige Dritte Welt Ende der Achtziger erstmals genannt wurde.

Dieser historischen Situation verdankt der Dschihadismus seinen Aufstieg. Der Bedeutungszuwachs, den Jerusalem seit den Achtzigern in der antiisraelischen Propaganda erhielt, steht für den Niedergang des arabischen Nationalismus. Die islamischen Anteile, die der Panarabismus stets hatte, traten an die Oberfläche. Zugleich sahen sich die jeweiligen Bewegungen nicht mehr dazu gezwungen, ihren Antisemitismus weltanschaulich zu kaschieren. Die Hamas kann es sich leisten, sich in ihrer Charta auf die *Protokolle der Weisen von Zion*, die wohl bekannteste antisemitische Schrift der Welt, zu beziehen; unter Berufung auf den

Koran ruft sie zum Mord an Juden auf.[218] Der Antisemitismus wurde nicht selten zum offen einbekannten Motiv des Kampfs gegen Israel.

◆

In den Metropolen reagierte die Linke auf den Zerfall ihres weltpolitischen Bezugsrahmens mit Konfusion und Rückzug. Eine Gruppe der Revolutionären Zellen gab im Januar 1992 ihre Auflösung bekannt; im April verschickte die RAF ihre Deeskalationserklärung. Beides waren verspätete Reaktionen auf den Verlust der bisherigen linken Gewissheiten 1989/90.

Andere suchten Anschluss an den neuen Antiimperialismus im Trikont. Den neben Horst Ludwig Meyer und Andrea Klump konsequentesten Weg beschritten die Antiimperialistischen Zellen (AIZ), die sich in unmittelbarer Reaktion auf die Deeskalationserklärung der RAF gründeten. In einer ihrer ersten Stellungnahmen erklärte die Gruppe, den »bewaffneten Kampf« in den Metropolen fortsetzen zu wollen.[219] Orientierten sich die AIZ anfangs an alten Kommandoerklärungen der RAF, fanden sich in ihren Stellungnahmen bald Bezugnahmen auf Libyen oder islamistische Gruppierungen wie den Dschihad Islami oder Gamaat al-Islamija.[220]

Nach ihrer Verhaftung im Februar 1996 traten die beiden einzigen AIZ-Mitglieder Michael Steinau und Bernhard Falk schließlich zum Islam über und bezeichneten sich fortan als die »ersten muslimischen politischen Gefangenen deutscher Nationalität«.[221]

---

218 Charta der Islamischen Widerstandsbewegung Hamas, in: Helga Baumgarten: Hamas. Der politische Islam in Palästina, München 2006, 224, 211.

219 Vgl. Uli Dillmann: Eine Zwei-Mann-Zelle, in: Jungle World 46/1997.

220 AIZ: Erklärung vom 13.7.1995; dies.: Erklärung vom September 1995. Beide Privatarchiv J.G.

221 Vgl. Dillmann: Eine Zwei-Mann-Zelle.

Mit zunehmender Identifikation mit islamistischen Gruppierungen wurde auch ihr Ton gegenüber Israel aggressiver. »Jeden Tag, an dem ich gegen die Politik der USA, der BRD und des Zionismus politisch aktiv sein darf, ist ein Geschenk von Allah, ta'ala«, erklärte Falk während des Prozesses.[222]

Während sein Mitangeklagter Steinau betonte, dass er sich nur noch Allah verpflichtet fühle,[223] appellierte Falk auch weiterhin an die Linke. In einer dreieinhalbstündigen Prozesserklärung forderte er sie dazu auf, sich mit dem Islam zusammenzuschließen, der »keinen tyrannischen Kapitalismus billige, der sozialer Gerechtigkeit entgegensteht«.[224] Die drei »weltbeherrschenden Staaten«, die USA, die Bundesrepublik Deutschland und der »zionistische Staat Israel«, seien nicht nur eine Bedrohung der Menschheit, sondern auch Feinde des Islam. Zur Bekräftigung zitierte er den Koran und das politische Testament des Ajatollah Khomeini. Die Verbündeten der Linken im Kampf gegen die imperialistischen Mächte, so erklärte Falk weiterhin, seien unter anderem der Iran, Libyen und der Sudan.

Zum Abschluss des Prozesses erklärte der zuständige Staatsanwalt die Antiimperialistischen Zellen zur »skurrilsten Erscheinung«, die die Linke je hervorgebracht habe.[225] Damit umriss er zugleich das Koordinatensystem, in das auch der Anschlag von Budapest einzuordnen ist. Weder der Weg der RAF-Militanten Meyer und Klump noch der Kurs der Antiimperialistischen Zellen war typisch für die deutsche Stadtguerilla. Auch bezog sich inner-

---

222 Zit. n. Uli Dillmann, Thomas Schad: Skurrile Erscheinungen, in: Jungle World 35/36/1999.

223 Vgl. Uli Dillmann: Anna und Arthur schweigen, in: Jungle World 12/1999.

224 Zit. n. Uli Dillmann: Khomeinis Kinder vor dem Kadi, in: Jungle World 47/1999.

225 Zit. n. Dillmann, Thomas Schad: Skurrile Erscheinungen.

halb der Linken kaum jemand positiv auf die AIZ. In den Stellungnahmen der Gruppe wie auch im Anschlag von Budapest sind deren Wurzeln im Weltbild des »bewaffneten Kampfs» der späten Sechziger und Siebziger jedoch deutlich zu erkennen. Um zum »Heiligen Krieg gegen die Kreuzfahrer und Juden« übergehen zu können, von dem der Islamismus spricht, musste die Grenze zwischen zielgerichtetem Terror, wie er während des Kalten Kriegs vorherrschend war, und dem terroristischen Selbstzweck des Dschihadismus zwar weltanschaulich oder praktisch überschritten werden. Insbesondere wenn es um Israel ging, war diese Grenze jedoch stets fließend.[226] Die Berufung auf die »heilige Stadt« Jerusalem und der Übertritt zum Islam waren, mit anderen Worten, der Versuch, das antiimperialistische Wertesystem, das durch den Untergang des Ostblocks in die Krise geraten war, durch Ankopplung an eine neue Bezugsgröße zu retten. Der Dschihadismus ist dabei sicher nicht der legitime Nachfolger der Stadtguerilla, wie es in jüngster Zeit gelegentlich suggeriert wird;[227] ein Verwandtschaftsverhältnis lässt sich jedoch kaum leugnen.

226 Erinnert sei nur an das Kommando der Japanischen Roten Armee, das 1972 im Auftrag der Wadi-Haddad-Gruppe auf dem israelischen Airport Lod wahllos auf Mitarbeiter und Reisende schoss.

227 Etwa Jan Fleischhauer: Von Baader-Meinhof zum Dschihad, in: Der Spiegel, 20.1.2015; Richard Herzinger: Was hat die RAF mit dem heutigen Terror zu tun?, in: Die Welt, 27.1.2015.

Anhang V

»Leben in der Zeitschleife«. Ein Interview

It's like screaming at a wall
Someday it's gonna fall
Minor Threat

Mit Ihrem Buch Nie wieder Deutschland? *versuchen Sie eine Annäherung an die jüngere Geschichte der deutschen Linken.*[228] *Unter völlig anderen Prämissen freilich versucht das auch die Bibliothek des Widerstands. Was waren Ihre Voraussetzungen, Prämissen, Ausgangsüberlegungen?*[229]

Wer die jüngere Geschichte der Linken oder genauer: der außerparlamentarischen Linken, um die es in meinem Buch in erster Linie geht, begleitet hat, gewinnt den Eindruck, sich in einer Zeitschleife zu bewegen. Da werden im Dreijahrestakt die immergleichen Debatten geführt, die immergleichen Organisationsversuche unternommen und die immergleichen Denker und Theorien (der Situationismus, Gramsci, der Rätekommunismus

---

228 Dieses Interview geht auf ein Gespräch zurück, das Peter Schernhuber für die Wiener Zeitschrift *Malmoe* im Sommer 2011 mit dem Autor führte. Das Blatt lehnte den Abdruck allerdings ab, weil der Autor nicht so antwortete, wie es die *Malmoe*-Redaktion getan hätte.

229 Jan Gerber: Nie wieder Deutschland? Die Linke im Zusammenbruch des »realen Sozialismus«, Freiburg/Br. 2010. Die Bibliothek des Widerstands ist eine seit 2010 erscheinende Schriftenreihe des Berliner Laika-Verlags, in der vor allem hagiografisch über die linke Bewegungsgeschichte berichtet wird.

usw.) »entdeckt«, um kurz darauf wieder vergessen und drei Jahre später erneut ausgegraben zu werden.

Dieses Leben in der Zeitschleife scheint mir sowohl Ausdruck als auch Folge eines Verlusts historischer Urteilskraft zu sein. Die außerparlamentarische Linke besitzt zum einen kein Bewusstsein von der eigenen Geschichte, zum anderen existiert auch kein Bewusstsein vom eigenen Handeln in dieser Geschichte. Die Veränderung historischer – und das heißt immer auch gesellschaftlicher und politischer – Rahmenbedingungen wird schlichtweg nicht wahrgenommen. Da wird oft immer noch so getan, als stünde der Aufstand der Pariser Kommune kurz bevor, als hätten die Arbeiter nur, wie es im *Kommunistischen Manifest* heißt, ihre Ketten zu verlieren, oder als warte das Proletariat nur darauf, von seiner selbsternannten Avantgarde agitiert zu werden, um dann die Bourgeoisie zum Teufel zu jagen.

Ich habe versucht, die Historizität der Linken in der Bundesrepublik Deutschland anhand der Ereigniskette, die sie wie kaum etwas anderes in den letzten sechzig Jahren in einen Schockzustand versetzt hat, nämlich der Kombination aus Mauerfall, Untergang des Ostblocks und deutscher Wiedervereinigung, herauszuarbeiten.

Mir ging es also zunächst ganz banal darum, zu zeigen, dass auch die Theorien und Handlungen der Linken einen Zeitkern von Wahrheit haben. Ein Beispiel: Wer während des Vietnamkriegs einen amerikanischen Panzer beschossen hat, mag damit in der Tradition von Kämpfen für eine bessere Welt gestanden haben, wer es während des Irakkriegs 2003 immer noch tun wollte, bewegte sich garantiert nicht mehr in diesem Rahmen. Darüber hinaus wollte ich versuchen, diesen Zeitkern herauszupräparieren: Unter welchen historischen Bedingungen verkehrt sich das, was möglicherweise einmal richtig war, in sein Gegenteil? Mit meinem Buch sollte also zumindest ein kleiner und bescheidener

Beitrag zur Herausbildung historischen Bewusstseins bei denjenigen geleistet werden, die sich oft aus nicht ganz unsympathischen Gründen zur politischen Linken hingezogen fühlen.

In Ihrem Buch stellen Sie die deutsche und die »antideutsche« Linke gegenüber. Zentrale Zäsuren, an denen die Widersprüche zwischen beiden deutlich werden, sind die deutsche Wiedervereinigung 1989, Jahre später etwa die Terroranschläge auf das World Trade Center in New York. Wie denken Sie diese Unterscheidung?

Um an meine erste Antwort anzuknüpfen: Die »deutsche« Linke, von der Sie sprechen, würde ich als traditionalistische oder antiimperialistische Linke bezeichnen. Sie reflektiert, wohlwollend formuliert, nicht auf den Zeitkern der Wahrheit, von dem ich gesprochen habe. Hier wird, um auch dieses Bespiel aufzugreifen, an internationale Auseinandersetzungen nach wie vor die Vietnamkriegsschablone angelegt.

Diese Schablone hatte in der Zeit des Kalten Kriegs durchaus Anknüpfungspunkte in der Realität. Aber ohne den Kalten Krieg verändern auch seine Kategorien ihre Bedeutung. Die Aussage, »eine Konfliktpartei tritt in einer internationalen Auseinandersetzung als imperialistische Kraft auf«, lässt beispielsweise nicht mehr notwendigerweise die Schlussfolgerung zu, dass die Gegenseite »objektiv« antiimperialistisch handelt – zumindest nicht, ohne sich vom emphatischen Begriff des Antiimperialismus zu verabschieden, wie er in der Zeit des Kalten Kriegs benutzt wurde. Darum befindet sich die Linke inzwischen regelmäßig an der Seite von Verbrechern, gegen die teilweise selbst das persische Schahregime, gegen das die Linke in den Sechzigern mit einigem Recht auf die Straße ging, harmlos erscheint.

Wenn sich in den einschlägigen linken Gruppen und Parteien niemand an solchen teils offiziösen, teils ideellen Bündnissen stört, lässt sich vermuten, was sich diese Linke unter der »befreiten Gesellschaft« vorstellt, von der sie gelegentlich noch spricht: Es dürfte um eine »Befreiung« vom Individuum gehen, von den Checks and Balances, die den Einzelnen vor Willkür schützen, und, trotz gelegentlicher Bezugnahmen auf Marx, um eine »Befreiung« von seinem kategorischen Imperativ, alle Verhältnisse umzuwerfen, in denen der Mensch ein erniedrigtes, ein geknechtetes, ein verlassenes, ein verächtliches Wesen ist.

Darüber hinaus spricht einiges dafür, dass sich schon in der Zeit des Kalten Kriegs ganz andere Motive hinter den Vietnamkriegsprotesten oder den Demonstrationen gegen die amerikanische Politik in Mittelamerika verborgen haben als von der damaligen Linken behauptet wurde. Der Beweggrund dieser Proteste scheint aus der Retrospektive – der Anfang ist immer über das Resultat vermittelt – weniger die Empörung über Napalmeinsätze, die Unterstützung der Contras in Nicaragua oder der Todesschwadronen in El Salvador gewesen zu sein als Hass auf das »Prinzip Amerika«, auf Individualismus, den Bruch mit Herkunft und Enge, das Pursuit of Happiness.

Aufseiten der »antideutschen« Linken wurde und wird hingegen versucht, auf diesen Zeitkern zu reflektieren. Das heißt nicht, dass diese Versuche immer erfolgreich waren und sind. Die Rede vom »Vierten Reich« und von einer Wiederkehr des Nationalsozialismus im wiedervereinigten Deutschland, die Anfang der Neunziger sehr beliebt war, hat sich zum Beispiel glücklicherweise als großer Irrtum erwiesen.

Allerdings ist dieser Irrtum zum einen schon vor mehr als zehn Jahren eingestanden worden – von einem »Vierten Reich« sprechen inzwischen nur noch einige Traditionalisten. Zum anderen haben die Angst vor einem »Vierten Reich« und die damit verbundene Auseinandersetzung mit dem »Dritten Reich«, dem nationalsozialistischen Antisemitismus und Auschwitz mittelfristig ein

Bewusstsein davon entstehen lassen, dass es trotz aller berechtigten Kritik Schlimmeres als die bürgerliche Gesellschaft geben kann. Erkenntnis geht oft die merkwürdigsten Umwege.

Ein Kapitel Ihres Buches heißt »Das Ende der Gewissheiten«. Im Mai 2010 demonstrierten in Wien anlässlich des militärischen Vorgehens gegen die so genannte »Hilfsflotte« und die Mavi Mamara deutlich wie kaum zuvor »linke« Gruppen Seite an Seite mit Faschisten.[230] *Wie brauchbar ist der Begriff »links« heutzutage noch?*

Angesichts solcher Koalitionen oder ganz allgemein angesichts der Tatsache, dass man in den aktuellen politischen Auseinandersetzungen vielfach nicht weiß, ob man es nun mit »linken Leuten von rechts« zu tun hat, wie Kurt Hiller das mal genannt hat, oder doch mit »rechten Leuten von links«, halte ich den Begriff »links« heutzutage oft nur für bedingt brauchbar. In historischer Perspektive bin ich allerdings manchmal versucht, den Begriff der Linken retten zu wollen. Selbstverständlich ist all das, was viele Linke heutzutage so unangenehm erscheinen lässt, von Anfang an im Begriff der Linken angelegt, seit sie sich in der französischen Nationalversammlung auf die linke Seite des Kammerpräsidenten setzte: Staatsfetischismus, Kollektivismus, Arbeitskult, um nur

---

230 Im Mai 2010 starteten in der Türkei sechs Schiffe, um die Blockade des Gazastreifens zu durchbrechen, die Israel nach dem Wahlsieg der Hamas dort verhängt hatte. Die Mehrzahl der Passagiere kam aus dem Umfeld islamistischer Organisationen. Das Angebot der israelischen Regierung, die an Bord befindlichen Hilfsgüter in einem israelischen Hafen zu entladen und nach einer Sicherheitskontrolle in den Gazastreifen zu bringen, wurde abgelehnt. Als israelische Soldaten das Flaggschiff Mavi Mamara enterten, wurden sie angegriffen, vier von ihnen wurden gefangengenommen und misshandelt. Das israelische Militär setzte daraufhin scharfe Munition ein, neun Passagiere wurden getötet. Die Vorfälle zogen international Proteste gegen Israel nach sich.

einige Beispiele zu nennen. Aber nichtsdestotrotz besaß die Linke seit 1789 immer auch ein überschießendes Moment, das sich gegen diesen Staatsfetischismus, den Kollektivismus, den Arbeitskult usw. sperrte.

Dieses überschießende Moment lässt sich auf einen Begriff bringen, auf den sich gerade die Kritische Theorie immer wieder bezogen hat, nämlich den Begriff des irdischen Glücks. In der heutigen Linken ist davon allerdings nicht mehr die Rede. Vom Glück spricht sie allenfalls noch im Zusammenhang mit Kühen. Der frühere Doppelcharakter der Linken hat sich, mit anderen Worten, in schlechte Eindeutigkeit aufgelöst. Wer sich nicht, wie die Mehrheitslinke, von der Idee des Strebens nach Glück verabschieden will, die Glücksratgeber in den Bahnhofsbuchhandlungen aber für keine überzeugenden Lösungen hält, der ist darauf angewiesen, den (wenn auch geringen) überschießenden Gehalt der historischen Linken zu verteidigen – und das auch gegen den Großteil der real existierenden heutigen Linken.

Im Untertitel Ihres Buches sprechen Sie trotz der großen Differenzen von »der Linken«. Was war das Interessante daran, Gruppen, deren Ansätze diametral gegenüberstehen, sich sogar kategorisch ausschließen, einer gemeinsamen Betrachtung zu unterziehen?

Die gemeinsame Betrachtung ist weniger dem Versuch geschuldet, etwas Interessantes gegenüberzustellen, als den gemeinsamen historischen Wurzeln in den Jahren 1989 bis 1995, die im Zentrum meiner Untersuchung stehen. Die »Antideutschen« entstanden aus den Krisendiskussionen der außerparlamentarischen Linken angesichts des Mauerfalls, des Zusammenbruchs des Realsozialismus und der deutschen Wiedervereinigung. Die Auseinandersetzungen gingen in der Regel quer durch Organisationen, die teilweise seit zwanzig Jahren bestanden. Dieser Abschied von bisherigen Gewissheiten vollzog sich darüber hinaus auch nicht innerhalb weniger Wochen, sondern er war ein langwieriger und wenig geradliniger Prozess. Der Gruppe K, bis 1995 Trägerkreis der *Bahamas*, der wohl bekanntesten »antideutschen« Zeitschrift, ging es, wie es in ihrer Selbstverständniserklärung hieß, anfangs beispielsweise noch um die Neuformierung einer »nichtreformistischen, radikalen, antikapitalistischen, kommunistischen Linken«.

Die strikte Konfrontationsstellung, von der Sie sprechen, ist also – trotz aller vehementen Anfeindungen insbesondere während des Zweiten Golfkriegs 1991 – erst ein Produkt der letzten zehn Jahre. Ihre Ursprünge liegen in der Zeit der Zweiten Intifada nach 2000 und nach den Anschlägen auf das World Trade Center in New York 2001.

Sie geht einerseits darauf zurück, dass von »antideutscher« Seite irgendwann erkannt wurde, dass ein erheblicher Teil der eigenen Positionen der frühen Neunziger selbst noch im Bezugsrahmen des Kalten Kriegs oder des Traditionsmarxismus gefangen war: So wollte man etwa weiterhin am Antiimperialismus festhalten, der sich nur stärker als bisher gegen Deutschland richten sollte. Andererseits war vor allem der Schockzustand, der kurzzeitig selbst bei marxistisch-leninistischen Gruppen zur Hinterfragung bisheriger Gewissheiten führte, ziemlich schnell vorbei. Die Ahnung vom vollkommenen Bankrott der eigenen Traditionen im Kontext der Ereignisse von 1989/90, die die Linke in der Bundesrepublik zugleich kurzzeitig erkennen ließen, in welchem Land und vor welchem historischen Hintergrund sie überhaupt hantiert, scheint aber geblieben zu sein. Die Reflexion wurde allerdings durch Abwehrreflexe ersetzt. Daher auch der traditionslinke Furor gegen diejenigen, die diese Ahnung gerade nicht verschweigen, sondern das offene Geheimnis auch laut und deutlich verraten, gegen die sogenannten »Antideutschen« nämlich.

Stichworte wie »Wutbürger«, »Stuttgart 21« oder auch Bücher wie Der kommende Aufstand *des Unsichtbaren Komitees und Stéphane Hessels* Empört Euch! *lassen das Feuilleton von einem neuen sozialen Aufbegehren schreiben.*[231] *Wie beurteilen Sie die Situation vor dem Hintergrund Ihrer Beschäftigung mit der Geschichte der Linken?*

Die Proteste gegen Stuttgart 21 oder die Begeisterung für *Der kommende Aufstand* im Feuilleton haben meines Erachtens nur wenig mit der außerparlamentarischen Linken, mit der ich mich in meinem Buch auseinandergesetzt habe, zu tun. Der »Wutbürger«, wie der *Spiegel* dieses Phänomen vor einiger Zeit genannt hat, dürfte vor allem ein Mittelstandsphänomen sein. In der Parole »Oben bleiben«, mit der die Stuttgarter gegen den Bau des Untergrundbahnhofs protestieren, spiegeln sich geradezu symbolisch die Abstiegsängste der Mittelschicht. Die Proteste zielen letztlich darauf ab, dass alles so bleibt, wie es ist. In dem Maß, in dem diese Leute ahnen, dass die gute alte privilegierte Zeit vorbei ist – und es spricht einiges dafür, dass sie mit dieser Einschätzung recht haben –, scheint sich die Wut immer mal wieder auf die Privilegien selbst, das Reihenhaus, die Eigentumswohnung oder das Dauerabonnement fürs örtliche Schauspielhaus, zu verschieben. Das ist der alte Wunsch des Bürgers, die Dinge, die ihn in positiver wie negativer Hinsicht fesseln, in Krisenzeiten loszuwerden und Tabula rasa zu machen.

Die Begeisterung für *Der kommende Aufstand* im Feuilleton der *Frankfurter Allgemeinen* oder der *Süddeutschen Zeitung* dürfte also in diesem Zusammenhang auch darauf basieren, dass es die Bürger in der Welt, die sie geschaffen haben, nicht mehr aushalten: Das Manifest ist ein Plädoyer für den permanenten Ausnahmezustand.

---

231 Unsichtbares Komitee: Der kommende Aufstand, Berlin 2010; Stéphane Hessel: Empört Euch!, Berlin 2011.

Ich kenne die Situation in Frankreich und die französische Linke nicht sehr gut, aber wären die Verfasser der Broschüre aus Deutschland, dann wären sie – und damit kommt die Linke doch wieder ins Spiel – wohl die radikalisierten Kinder der »Wutbürger«: junge, akademische Linke, die der Zementierung des Status Quo im Unterschied zu ihren Eltern allerdings wenig abgewinnen können, weil sie sich seit Jahren mit prekären Jobs über die Runden schlagen, sich von einer akademischen »Baustelle« zur nächsten hangeln und auch mit Ende Zwanzig noch auf die Finanzspritzen ihrer Eltern angewiesen sind. Sie teilen insofern zwar die Abstiegsängste ihrer Erzeuger, aber nicht ihre Aufstiegserfahrungen.

In einem Radiointerview anlässlich der Mobilisierung gegen den G8-Gipfel in Heiligendamm hinterfragten Sie 2007 die Sinnhaftigkeit der Mobilisierung. Adorno bemühend, sprachen Sie von »verstellter Praxis«. Wo sehen Sie gegenwärtig Möglichkeiten, die herrschenden Verhältnisse infrage zu stellen und Kritik am Abstrakten zu üben, ohne dabei in überholte Muster zurückzufallen?

Hier muss ich passen: Ich kann weder ein Aktionsprogramm bieten noch kann ich sagen, wo es in nächster Zukunft Möglichkeiten geben könnte, endlich, wie es in der Linken immer so auftrumpfend heißt, von der Theorie zur Praxis übergehen zu können. Die einzige Möglichkeit, um diesen Begriff doch aufzugreifen, scheint mir – und das stammt nicht mal von mir, sondern von Adorno – in dem zu bestehen, was immer wieder irrtümlich als Gegenteil von Praxis denunziert wird: Sie besteht im Denken, und zwar in einem Denken, das nicht sofort nutzbar gemacht wird für eine irgendwie geartete politische Praxis, das nicht sofort wieder auf seine Taktik- und Strategietauglichkeit befragt und darauf hin abgeklopft wird, wie mit seiner Hilfe die herrschenden Verhältnisse infrage gestellt werden können.

Anhang VI

Kritik als Leidenschaft. Ein Nachruf auf Joachim Bruhn

Warum bist Du so?
Warum siehst Du nicht das Schöne!
Das Moor

Am Anfang stand die Erfahrung.[232] Während es in linken akademischen Kreisen beliebt geworden ist, dem intellektuellen Niveau der Diskussionen von 1968 hinterherzutrauern, trauerte der Verleger und Publizist Joachim Bruhn um etwas anderes. Wenn er von der Revolte sprach, dann erinnerte er sich weniger an ihre großen Köpfe und Debatten, sondern erzählte lieber von einem kleinen Ereignis in seiner Geburtsstadt Baden-Baden. Dort nahm der damals 13jährige 1968 an einer Schülerdemonstration teil, die am Mädchengymnasium vorbeiführte. Der Hausmeister hatte die Türen abgesperrt, um zu verhindern, dass sich die Schülerinnen in den Protestzug einreihen. Die Mädchen öffneten daraufhin lachend die Fenster, kletterten auf die Straße und schlossen sich der Demonstration an. Noch fünfzig Jahre später erzählte Bruhn mit leuchtenden Augen, dass er noch nie so etwas Schönes erlebt hatte.

232 Dieser Text erschien erstmals unter demselben Titel in der Zeitschrift *Bahamas* (82/2019).

◆

Wenn er von diesem Ereignis sprach, das es in keine der zahllosen Protestchroniken geschafft haben dürfte, dann hatte er nicht allein den freieren Umgang der Geschlechter oder die Liberalisierung der Bundesrepublik vor Augen, die viele Achtundsechziger inzwischen als ihr Werk ausgeben. Es ging ihm vielmehr um die inzwischen fast verpönte Vorstellung von Freiheit und Glück, deren Realisierung ihm für einen kurzen Augenblick in greifbare Nähe zu rücken schien. Deshalb war er bald von der Kritischen Theorie begeistert, die von ihren Gegnern gern als esoterische Glücksphilosophie denunziert wurde; deshalb war es ein großes Vergnügen, mit ihm durch ostdeutsche Antiquariate zu ziehen, um dort nach alten DDR-Ausgaben französischer Frühaufklärer zu suchen: Autoren wie Louis de Beausobre, Claude Buffier oder Jean Joseph Languet hatten zwischen 1701 und 1789 mehr als fünfzig Bücher, Broschüren, Flugschriften hervorgebracht, die sich der Frage des Glücks widmeten.[233]

Joachim Bruhn verzieh es der Protestbewegung nie, dass sie dieses im besten Sinne bürgerliche Versprechen nicht ernst genommen hatte. Zwar beteiligte er sich im Umfeld marxistisch-leninistischer Vereine zeitweise selbst an der Abwicklung ihrer besten Traditionen. Von der KPD/AO, einer mao-stalinistischen Sekte, der er in den Siebzigern beigetreten war, wurde er prompt zur Bundeswehr abkommandiert, wo er Panzerfahren lernen und agitieren sollte: Die Vaterlandsverteidigung gegen die Sowjetunion (und, in einem zweiten Schritt, gegen die Vereinigten Staaten) gehörte seinerzeit zu den Steckenpferden der K-Gruppen.

Das Sozialistische Büro (SB) rettete Joachim Bruhn jedoch vor den größten Dummheiten, wie er einmal sagte. Er wurde Mitglied

233 Robert Mauzi: L'Idee du Bonheur au XVIIe siècle, Paris 1960, 9.

des Zusammenschlusses, der als Auffangbecken für den Teil der Protestbewegung diente, der weder etwas vom Unmittelbarkeitskult der entstehenden Sponti-Bewegung noch vom Kaderprinzip der K-Gruppen wissen wollte. Aus dem Sozialistischen Büro brachte Bruhn die Kombination aus Nähe und Distanz zur traditionellen Arbeiterbewegung mit, die seine Texte seit den Achtzigern prägte. Im Unterschied zu den Spontis und ihren autonomen Erben, die bald in *counter culture* und Kulturmanagement machten, verortete das SB das Rätsel der bürgerlichen Gesellschaft weiterhin in der Produktionssphäre. Die »ökonomischen Kämpfe der Arbeiterklasse und der übrigen lohnabhängigen Massen«, so hieß es in einem Thesenpapier, müssten weiterhin »Ausgangspunkt und Grundlage« der eigenen Überlegungen sein.[234]

Anders als die K-Gruppen, die den proletarischen Aufstand im Stil des 19. Jahrhunderts am roten Horizont zu sehen glaubten, sprach das SB jedoch zugleich von den »relativ schlechten Bedingungen« nennenswerter Veränderungen.[235] Im Sozialistischen Büro fanden einige der besseren Ideen der Protestbewegung eine Fortsetzung. Streng genommen, lernte Joachim Bruhn diese Ideen hier überhaupt erst richtig kennen: Er las Hans-Jürgen Krahl, Günther Anders, die Kritischen Theoretiker der ersten Generation. Bald schrieb er für die SB-Zeitschrift *Links*, zu deren Redaktion Intellektuelle wie Detlev Claussen, Dan Diner und Micha Brumlik gehörten. Doch ebenso wie sein Einsatz für die KPD/AO blieb auch sein Auftritt im Sozialistischen Büro ein Gastspiel: Als sich das SB Anfang der Achtziger in Richtung der Grünen verabschiedete, verabschiedete sich Joachim Bruhn vom SB.

---

234 Sozialistisches Büro: Thesen des Sozialistischen Büros. Entwurf des Arbeitsausschusses, Offenbach 1975, 9.

235 Ebd., 86.

◆

Diese Konsequenz war typisch für ihn. Denn den größten Teil seines Lebens widmete Bruhn der Frage, warum die Linke, wie er es einmal formulierte, »Aufklärungsverrat« begangen hatte.[236] Damit meinte er nicht nur den 1968 beginnenden Marsch durch die Institutionen, sondern fast die gesamte Geschichte der Arbeiterbewegung und ihrer Nachfolger. Er betrachtete sie als eine einzige Aneinanderreihung von Katastrophen: von der Oktoberrevolution über die Verwandlung des Rotfrontkämpferbunds in ein, wie er einmal bitter feststellte, »Rekrutierungsbüro der SA« bis hin zum Antizionismus. Als die Linke in den Achtzigern um des lieben Friedens willen die Füße gegenüber der Sowjetunion stillhielt, kritisierte er nicht nur die Friedensbewegung, sondern beteiligte sich daran, linken sowjetischen Dissidenten wie Viktor Fainberg, der 1968 auf dem Roten Platz demonstriert hatte und daraufhin in eine psychiatrische Anstalt eingeliefert worden war, ein Forum zu bieten. Während der ersten Intifada, als DKP, Autonome und Co. in den Israelis die Wiedergänger der Nazis erkennen wollten, gehörte er zu den wenigen innerlinken Kritikern des linken Antisemitismus. Und als der Islam seit den Neunzigern den arabischen Nationalismus als Schmiermittel im Kampf gegen den Westen abzulösen begann, war er unter den ersten, die nicht nur die Religion des Propheten, sondern auch das ihr entgegengebrachte linke Verständnis kritisierten.[237]

---

236 Joachim Bruhn: Der Staat bin ich, in: Jungle World 5/2008.

237 Etwa: [Initiative Sozialistisches Forum] (Hg.): Roter Oktober. Zum 70. Jahrestag der Russischen Revolution [Programmzeitung] 11/1987; dies. (Hg.): Frieden – je näher man hinschaut, desto fremder schaut es zurück. Zur Kritik einer deutschen Friedensbewegung, Freiburg/Br. 1984; dies.: Antizionismus – Ein neuer Antisemitismus von links. Für eine andere Palästina-Solidarität [1988], in: dies.: Das Ende des Sozialismus,

Überhaupt war die Kritik sein Metier. Sie war ihm wesentlich mehr als eine Methode; sie war der Dreh- und Angelpunkt seines Denkens. Kritik galt ihm in Marxscher Tradition nicht als Seziermesser, sondern als Waffe, die ihren Gegenstand nicht widerlegen, sondern erledigen will.[238] Ist das Falsche erst einmal »bestimmt erkannt und präzisiert«, ist es bereits »Index des Richtigen, Besseren«, heißt es bei Adorno.[239]

Auch deshalb hat Joachim Bruhn im Unterschied zu vielen anderen, mit denen er sich vortrefflich streiten konnte, kein in sich geschlossenes Werk, kein Opus magnum hinterlassen. Sein Stilmittel war die kleine Form des Aufsatzes und des Essays, die den Erfahrungen, auf die er sich bald bezog, auch weitaus angemessener ist als die historisch diskreditierte Gesamtdarstellung, die Monografie und das philosophische System. Seine Einsichten sind fast immer in Auseinandersetzung mit den Zumutungen niedergelegt, denen er sich in der *FAZ*, in der *Süddeutschen Zeitung*, der *Jungen Welt*, vonseiten der Grünen oder des akademischen Marxismus ausgesetzt sah.

Wohl auch deshalb hat er stets alle ihm angetragenen Avancen abgewehrt, eine Einführung in die Kritik der politischen Ökonomie zu schreiben. Das war ihm zu vermittelnd, pädagogisch, positiv. Er riet stattdessen dazu, am besten gleich Marx selbst oder, wie er einmal frotzelte: »in der allergrößten Not«, das von ihm mitverfasste Buch *Der Theoretiker ist der Wert* zu lesen, in dem

---

die Zukunft der Revolution. Analysen und Polemiken, Freiburg/Br. 1990; dies.: Ulrike Meinhof, Stalin und die Juden: Die (neue) Linke als Trauerspiel [1988], in: ebd.; Joachim Bruhn: Zur Dialektik der Gegenaufklärung. Über das leere Verstreichen der Zeit und den Fortschritt der Linken auf ihrem Weg in den Abgrund, in: Redaktion Jungle World (Hg.): Elfter September Nulleins, Berlin 2002.

238 Karl Marx: Zur Kritik der Hegelschen Rechtsphilosophie. Einleitung, in: ders., Friedrich Engels: MEW. Bd. 1, Berlin 1976, 380.

239 Theodor W. Adorno: Kritik, in: ders., Kritik. Kleine Schriften zur Gesellschaft, Frankfurt/M. 1971, 19.

seine Marx-Lektüre in Auseinandersetzung mit Robert Kurz' inzwischen fast vergessener Krisis-Gruppe entfaltet wird.[240] Eine Einführung in das Marxsche Denken konnte er sich höchstens als Kritik der zahlreichen anderen Einführungen vorstellen – eine seiner vielen Ideen, die immer noch faszinieren.

◆

Gelegentlich traf auf Bruhn der alte Gedanke Brechts zu: Die den Boden für Freundlichkeit bereiten wollten, konnten selbst nicht immer freundlich sein. Weil es ihm um die Wahrheit ging und ihm die professionelle Abgeklärtheit von Funktionären zuwider war, nahm er Dummheit, Opportunismus und Ignoranz persönlich. Das galt manchmal selbst für den Pragmatismus, den er bei anderer Gelegenheit als Bedingung der Möglichkeit schätzte, neue Erfahrungen zu verarbeiten.[241] So verband er in unnachahmlicher Weise Herzlichkeit mit Schroffheit, Freundlichkeit mit Stieseligkeit. Obwohl er einmal erklärte, dass Polemik einem Florett gleichen müsse,[242] bevorzugte er darum selbst mindestens den Säbel: etwa, wenn er den *Junge-Welt*-Redakteur Werner Pirker als Bewusstseinslegastheniker oder Robert Kurz als Mischung aus Stalin und Klaus Theweleit bezeichnete.[243] Auch solche Zuspitzungen trugen zur Durchschlagskraft seiner Texte bei.

---

240 ISF: Der Theoretiker ist der Wert. Eine ideologiekritische Skizze der Wert- und Krisentheorie der Krisis-Gruppe, Freiburg/Br. 2000.

241 Manfred Dahlmann: Vorwort zur Neuauflage: Was ist antideutsch, in: Joachim Bruhn: Was deutsch ist. Zur kritischen Theorie der Nation, 2., erweiterte Auflage, Freiburg/Br., Wien 2019, 14.

242 Joachim Bruhn: Kritik, Polemik, Dampframme. Kurze Replik auf Justus Wertmüller, in: T-34 10/2003.

243 Joachim Bruhn: »Nichts gelernt und nichts vergessen.« Ein Schema zur Geschichte des Antizionismus in Deutschland [2008], in: ders.: Was deutsch ist, 248; ders.: Die niedere Kunst der Demagogie. Ein letztes Standbild aus dem Leben des Theoretikers Robert Kurz, in: Konkret 6/2003.

Der Ort, an dem Joachim Bruhn Kritik betrieb, war seit 1981 die Initiative Sozialistisches Forum (ISF), zu deren Gründern er gehörte. Der Plan, ein Sozialistisches Forum, eine Art besseres SB, zu gründen, scheiterte schon früh; die Initiative und der ab 1985 angeschlossene Ça-ira-Verlag blieben. Abgesehen von seinem Freund, Genossen und intellektuellen Sparringspartner Manfred Dahlmann wurde der Verlag von niemandem so stark geprägt wie von Joachim Bruhn.

Ça ira stand für all das, was auch er sich auf seine Fahnen geschrieben hatte. Es ging vor allem darum, unterdrückte, verbotene, versprengte Traditionen der Arbeiterbewegung und der Neuen Linken dem Vergessen zu entreißen. Ça ira war in gewisser Weise der Verlag der Wiederentdeckungen. Doch er war auch mehr. Denn seine Rekonstruktionen – ein Wort, das Bruhn nicht mochte – unterschieden sich deutlich von den anderen, die um und nach 1968 beliebt wurden. Bei Ça ira wurde die oft missverstandene Rede vom »Zeitkern der Wahrheit« aus dem Vorwort zur Neuauflage der *Dialektik der Aufklärung* ernst genommen. Denn hinter dieser Formel verbirgt sich keine distanzierende Historisierung; sie meint weniger, dass sich eine früher richtige Aussage durch den bloßen Gang der Dinge in eine Lüge verwandelt. Ein Text wird vielmehr dann falsch, wenn er nicht mehr in Beziehung zur Jetztzeit gesetzt wird. Allein dadurch kann sowohl der Blick auf die Vergangenheit als auch auf die Gegenwart geschärft werden. »Wenn die alten Texte heute gelten sollen,« so hatte Max Horkheimer darum 1965 an den S.-Fischer-Verlag geschrieben, »hat die Erfahrung in den letzten zwei Jahrzehnten mitzusprechen.«[244]

Ganz in diesem Sinn stand im Zentrum der Wiederentdeckungen bei Ça ira weder die historisierende Dokumentation

244 Max Horkheimer: Brief an den S. Fischer Verlag [1965], in: ders.: Gesammelte Schriften. Bd. 3, Frankfurt/M. 1988, 9.

noch die enthistorisierende Analogiebildung. Die von Joachim Bruhn und anderen ausgegrabenen Texte lieferten keine Schablonen, sondern das intellektuelle Rüstzeug, mit dessen Hilfe die veränderten Verhältnisse der Gegenwart analysiert, verstanden und vor allem: kritisiert werden konnten. Das geschah in der eigenen Produktion, etwa mit dem Esoterikkult der Alternativen, dem das erste von der ISF herausgegebene Buch gewidmet war, ebenso wie mit der Friedensbewegung, dem Antizionismus oder der deutschen Einheit.[245] Und es geschah selbstverständlich polemisch. Denn Joachim Bruhn bestand darauf, dass Polemik Ausdruck höchster Sachlichkeit sei. Wer sich nicht polemisch, sondern abwägend und differenziert zum Kapitalverhältnis oder zum Antisemitismus verhalte, das betonte er immer wieder, verhalte sich unsachlich: der Sache nicht angemessen. »Die Polemik ist die einzig angemessene Darstellungsform der Kritik«, sagte er darum einmal in einem Interview.[246]

Insbesondere die Staatskritik Johannes Agnolis und der Rätekommunismus hatten es ihm angetan. Mit Hilfe der Schriften Agnolis, die bis zu einem grässlichen Erbschaftsstreit 2004 bei Ça ira erscheinen durften, konnten die Selbsttäuschungen und der Opportunismus der früheren Spontis, Sozialisten, Salon- und Werktorbolschewisten zerlegt werden, die sich Ende der Siebziger von der Produktionssphäre verabschiedet hatten, um mit Blumentöpfen und Strickwaren in den Bundestag einzuziehen. Agnoli,

245 Etwa: ISF (Hg.): Diktatur der Freundlichkeit. Über Bhagwan, die kommende Psychokratie und Lieferanteneingänge zum wohltätigen Wahnsinn, Freiburg/Br. 1984; Joachim Bruhn: Bhagwans Liebesrevolution, in: Ulrike Heider (Hg.): Sadomasochisten, Keusche und Romantiker. Vom Mythos neuer Sinnlichkeit, Reinbek b. H. 1986; ISF (Hg.): Frieden; Kritik und Krise. Nie wieder Deutschland 2/3/1990.

246 Joachim Bruhn: »Jede Kritik am Staat Israel ist antisemitisch«. Interview, in: T-34 7/8/2003.

der sich dem Marsch durch die Institutionen nicht nur verweigert, sondern ihn vehement kritisiert hatte, erschien als Sinnbild der Konsequenz und Standhaftigkeit. Die Nachricht, dass er sich in jungen Jahren zur Waffen-SS gemeldet und in Jugoslawien an der Partisanenbekämpfung, sprich: der Vernichtung, beteiligt hatte, verstörte Joachim Bruhn darum zutiefst, wie er einmal erzählte.

Die Auseinandersetzung mit dem Rätekommunismus war wiederum Ausdruck des Bedürfnisses, die real existierende Linke daran zu erinnern, dass man auch vor hundert Jahren schon klüger sein konnte als die sozialdemokratischen, sozialistischen, kommunistischen Vor- und Nachdenker der Gegenwart. Angesichts des Stalinismus, des Niedergangs der Protestbewegung und des Aufstiegs der diversen Linksparteien neigte Joachim Bruhn zwar gelegentlich dazu, den Rätekommunismus der Zwanziger zu verklären. Schon im nächsten Augenblick unterzog er ihn jedoch einer vehementen Kritik: Der Rätekommunismus sei, wie er in der Nachbemerkung zu Willy Huhns Buch *Der Etatismus der Sozialdemokratie* schrieb, aufgrund seiner Ignoranz historischer Erfahrung zu dem geworden, was der Rätekommunist Huhn 1952 der sozialdemokratischen Theorie attestiert hatte, nämlich »Verhüllungsideologie«.[247]

◆

Doch obwohl sich Joachim Bruhn endlos über Ignoranz, Karrierismus und Opportunismus empören konnte, war ihm klar, dass der Niedergang der Protestbewegung nicht allein auf die moralischen Verfehlungen ihres Personals zurückzuführen ist. Er wusste,

247 Joachim Bruhn: Avantgarde und Ideologie. Nachbemerkung zum Rätekommunismus, in: Willy Huhn; Der Etatismus der Sozialdemokratie. Zur Vorgeschichte des Nazifaschismus, Freiburg/Br. 2003, 200.

dass die Rede vom Verrat an der Aufklärung bestenfalls die halbe Wahrheit ist: »Himmel, waren das Zeiten, als so was noch möglich war«, witzelte Wolfgang Pohrt, der Bruhns Stil wie kein anderer prägte, darum einmal: »Kein Verrat ohne Treue, und beides nicht ohne König, Familie, Volk und Vaterland.«[248] Joachim Bruhn setzte den Vorwurf des Verrats in seinen Texten sicher auch deshalb eher sparsam ein, weil er unmaterialistisch ist. Ihm war bewusst, dass der Niedergang des bürgerlichen Glücksversprechens, der sich auf der Linken etwa in der Ablösung von Marx und Bebel durch Judith Butler und Robert Habeck Ausdruck verschafft, auch objektive Gründe hat: Mehr als zweihundert Jahre Wertvergesellschaftung und instrumentelle Vernunft lassen die Rede vom allgemeinen Glück nicht unbeschadet.

Insbesondere ein Ereignis ließ Joachim Bruhn seit den Achtzigern nicht mehr los: Mit der Vernichtung der europäischen Juden wurde er, wie Bruno Frei viele Jahre früher für sich selbst konstatiert hatte, »nicht fertig«.[249] Noch in seiner Magisterarbeit, die er in der ersten Hälfte der Achtziger bei Heinrich August Winkler begonnen hatte, war zwar von der Volksgemeinschaft, nicht aber von ihrem zentralen Selbstfindungsakt, dem Holocaust, die Rede. Wenige Jahre später stand der Massenmord bereits im Zentrum seines Denkens. Auch hier gehörte er zu den ersten. Denn obwohl gern behauptet wird, dass die Generation von 1968 aus Empörung über Auschwitz in die Politik gegangen sei, trat die Besonderheit des Holocaust erst seit den späten Siebzigern langsam ins allgemeine Bewusstsein. (Die wenigen Ausnahmen, die es gab, bestätigen nur die Regel.) Zuvor galt die Judenvernichtung, wenn sie überhaupt thematisiert wurde, als ein Verbrechen unter vielen, als europäische Entsprechung zu Hiroshima oder als Chiffre für

---

248 Wolfgang Pohrt: Zoff im Altersheim, in: ders.: FAQ, Berlin 2004, 13.
249 Bruno Frei: Der Papiersäbel. Autobiographie, Frankfurt/M. 1972, 11.

all die Sauereien, zu denen Industrie und Bürokratie fähig sind, wenn sie nicht so schnell wie möglich abgeschafft werden – Rationalisierungen, die auch heute vielfach wieder anzutreffen sind.

Für Joachim Bruhn hatte mit dem Holocaust dagegen eine neue Epoche begonnen, die der Barbarei. An der vollkommenen Sinn- und Zwecklosigkeit der Vernichtung scheiterte das Denken der Arbeiterbewegung, darauf bestand er: »Je rasanter der Nationalsozialismus seiner Vollendung sich näherte, desto mehr verschlug es dem Marxismus die Sprache. Ob orthodox oder häretisch – die Nazis widerlegten ihn in all seinen Spielarten«, formulierte er Anfang der Neunziger für die Initiative Sozialistisches Forum.[250] Bei anderer Gelegenheit schrieb er, dass der Nationalsozialismus und der Holocaust dem Kapitalverhältnis im doppelten Wortsinn »entsprungen« seien. Die Vernichtung war zwar aus der Wertvergesellschaftung hervor-, aber auch über sie hinausgegangen, ihr »entronnen«.[251]

Auch deshalb, weil er wusste, dass die deutschen Verbrechen durch einen Abgrund von den Schrecken des kapitalistischen Normalbetriebs getrennt sind, reagierte er geradezu allergisch auf alle Versuche, den Revolutionskalender wieder auf den Stand des Hamburger Aufstands von 1923 zu bringen und weiterzumachen, als wäre nichts geschehen. Umsturzseliges Klassenkampfgeklapper war für ihn nach der Eingliederung der Arbeiterschaft ins nationalsozialistische Mordkollektiv eine linke Form des Geschichtsrevisionismus. Nach der Wannsee-Konferenz, so schrieb er einmal, sei die Beschwörung des proletarischen Aufstands »Beschönigung und Verdrängung der Geschichte«.[252]

---

250 ISF: Materialismus und Barbarei, in: Kritik und Krise 6/1993.

251 Etwa in: Joachim Bruhn: Realität als Bückware. »Konsum, Terror und Gesellschaftskritik«, in: Bahamas 47/2005.

252 Joachim Bruhn: Metaphysik der Klasse. Soll es wirklich so gewesen sein, dass der Nazifaschismus weder den Begriff noch die Realität des Proletariats berührt hat?, in: Phase 2 12/2004.

Mit solchen Einsichten wurde Joachim Bruhn zu einem Vordenker jener »antideutschen« Strömung, die ab 1989 mit vielen linken Gewissheiten brach. Dennoch bewahrte er auch hier häufig ein Verhältnis von Nähe und Distanz. Joachim Bruhn genoss es sichtlich, zu Vorträgen eingeladen zu werden, Debatten anzuregen und – wenn auch immer mit leichtem Spott – zu agitieren. Er wollte jedoch weder Anführer noch Haus- und Hofkritiker werden. Das dazu notwendige Taktieren war ihm zuwider, Politikmachen hielt er für ein Schimpfwort. Der Begriff der Politik war für ihn ebenso wie der bürgerliche Staat und sein Recht aufs Engste mit der Verwaltung, Ausbeutung und Spaltung des Menschen verbunden.[253]

Doch auch wenn sein Urteil über die bürgerliche Demokratie und ihr Recht oft mehr als harsch ausfiel, beharrte er angesichts der Erfahrung des Nationalsozialismus in der Regel darauf, dass ihnen gegen das Schlimmere beigestanden werden müsse. »Die Verteidigung der von der Aufklärung erzwungenen Trennung eines die Bedingungen der Kapitalreproduktion rechtlich absichernden Staats, der die für jeden Staatsbürger gleich geltenden Rechte und Pflichten jenseits ihrer tatsächlichen Unterschiede organisiert, und einer Gesellschaft, in der diese Unterschiede ausgetragen werden können und sollen, ist [...] das Essential antideutscher Kritik, weil eben diese institutionelle Trennung eine der wenigen Sicherungen gegen die deutsche, gegen die barbarische Aufhebung des Kapitals auf dessen eigener Grundlage darstellt.«[254] Das steht in einem alten Text Manfred Dahlmanns, den sich Joachim Bruhn

---

253 Etwa: Joachim Bruhn: Abschaffung des Staates. Thesen zum Verhältnis von anarchistischer und marxistischer Staatskritik, in: Archiv für Geschichte der Arbeit und des Widerstands 10/1989.

254 Dahlmann: Vorwort zur Neuauflage, 14. Manfred Dahlmann fügte hier, wie auch Joachim Bruhn, stets den Zusatz an, dass dies selbstverständlich »nur« bis zur Einführung des Kommunismus gelte.

als Vorwort zur Neuauflage seines Buchs *Was deutsch ist* wünschte, als er sich selbst bereits mit dem Schreiben schwertat.

◆

Doch obwohl Joachim Bruhn davon überzeugt war, dass der Nationalsozialismus und der Holocaust mit den Mitteln der Tradition, wie er einmal schrieb, kaum zu fassen sind,[255] wollte er nicht ganz von dieser Tradition lassen. Das galt insbesondere für Marx. Bruhn kritisierte, dass Marx die Kritik der Philosophie nicht zu Ende gebracht, sondern mit der Ontologie der Arbeit eine neue Ursprungsphilosophie geschaffen habe. Damit sei die repressive Tendenz des deutschen Idealismus fortgeführt worden; das Sein wurde aus dem Begriff abzuleiten versucht.[256]

Zugleich wusste Bruhn jedoch, dass Marx' Denken nicht in diesem schlechten Idealismus aufging. Er sprach darum vom »Doppelcharakter« des Marxschen *Kapitals*, in dem mit der Wertformanalyse auch die Mittel dazu bereitgelegt worden seien, das »Wesen als Unwesen« zu begreifen und eine Kritik der Arbeitsontologie zu formulieren.[257] Joachim Bruhn dachte, mit anderen Worten, mit Marx (und Adorno) gegen Marx. Dabei ging er manchmal sehr großzügig mit dem Autor des *Kapitals* um: Seine Aussagen über die Marxsche Staatskritik oder die Unvernunft des Kapitalverhältnisses hatten gelegentlich mehr mit Bruhn als mit Marx zu tun. In der Sache selbst, bei der Anstrengung des Begriffs, behielt er jedoch oftmals gegen die Klassiker Recht.

---

255 Joachim Bruhn: Ende der Politökonomie. Moishe Postones »neue Interpretation der kritischen Theorie von Marx« an der Grenze von Theorie und Kritik, in: Jungle World 29/2004.

256 ISF: Materialismus und Barbarei.

257 Ebd. Ähnlich: Joachim Bruhn: Karl Marx und der Materialismus. Thesen über den Gebrauchswert des »Marxismus«, in: Bahamas 33/2000.

Neben dieser permanenten Auseinandersetzung mit Marx gab es noch eine weitere Tradition, von der er sich nicht verabschieden wollte. Denn trotz aller Kritik am linksradikalen Aufstandspathos, trotz seines Abschieds vom revolutionären Subjekt und trotz des Wissens um Auschwitz hielt er am Glauben an die Veränderbarkeit der Welt durch die Menschen fest. Die Formel von der »Aktualität und Notwendigkeit des Kommunismus« war das heimliche Motto seiner Kritik.[258] Darauf beruhte auch sein Verhältnis zur RAF, über die er mehr als ein Dutzend Texte schrieb. Joachim Bruhn war kein Freund des »bewaffneten Kampfs«, im Gegenteil. Er hielt die Rote Armee Fraktion für eine »Karikatur auf die Revolution«.[259] Sie hatte, wie er einmal spottete, die »sozialphilosophische Qualität eines Brühwürfels«.[260] Von der Linken Buchmesse in Nürnberg, der größten ihrer Art, wurde der Ça-ira-Verlag in den Zweitausendern sogar für alle Zeiten ausgeschlossen, weil Bruhn und ein Mitreferent dort den – natürlich »kritisch-solidarischen« – RAF-Kult der radikalen Linken angegriffen hatten. Auch wenn der damals inkriminierte Satz, dass die Rote Armee Fraktion der »verlängerte Arm der SS« gewesen sei, nie gefallen ist, hatten sie deutlich gemacht, in welcher Tradition die Frankfurter Kaufhausbrandstiftung, der terroristische Antizionismus und die Angriffe auf amerikanische Kasernen standen. Die Stadtguerilla habe nicht nur, wie Bruhn in Nürnberg erklärte, unter Niveau

---

258 ISF: Aktualität und Notwendigkeit des Sozialismus [1985], in: dies.: Das Ende des Sozialismus, die Zukunft der Revolution.

259 Joachim Bruhn: Der Untergang der Roten Armee Fraktion. Eine Erinnerung für die Revolution, in: Emile Marenssin: Stadtguerilla und soziale Revolution. Über den bewaffneten Kampf und die Rote Armee Fraktion, Freiburg/Br. 1998, 17.

260 Joachim Bruhn: »Charaktermasken abschminken«. Abstrakte Herrschaft, bewaffneter Kampf, konkrete Leichen, in: ders., Jan Gerber (Hgg.): Rote Armee Fiktion, Freiburg/Br. 2007, 16.

argumentiert, sondern sei einem »fast schon BDM-mädchenhaften«, geradezu »lutheranischen Askesewahn« verfallen.

Dennoch schätzte er etwas an der Roten Armee Fraktion. Er glaubte, dass sie der restlichen Linken wenigstens eine Einsicht voraushatte. Kurz vor der Drucklegung des in Nürnberg vorgestellten Buchs schrieb er in das längst fertige Vorwort, dass die RAF zwar nichts begriffen habe. Im Unterschied zu den K-Gruppen, den akademischen Marxisten oder zur DKP sei ihr jedoch zumindest bewusst gewesen, dass es »weder historische Gesetzmäßigkeiten noch notwendige Wartezeiten für die freie Assoziation geben kann«.[261] Seit das Kapitalverhältnis in der Welt ist, sei es »reif zur Abschaffung«.

Die Tragik der RAF bestand, davon war Joachim Bruhn überzeugt, in der auch von ihm gelegentlich verklärten Einsamkeit, zu der Vernunft und Kritik verdammt sind.[262] Denn angesichts der historischen Umstände, so heißt es in einem seiner schönsten Texte, könne objektive Vernunft nur noch in der »subjektiven Vernunft restlos vereinzelter, zum Letzten entschlossener Einzelner« erscheinen.[263] Diese »subjektive Vernunft« sehe allerdings, wie er traurig ergänzte, »dem privaten Wahn zum Verwechseln ähnlich«. Wer nur mit Verrückten zu tun hat, ähnelt sich ihnen irgendwann an – selbst und gerade wenn er der Vernunft zum Durchbruch verhelfen will.

◆

Die Frage, wie diesem Dilemma zwischen »objektiver Vernunft« und historischer Erfahrung zu entkommen sei, wusste auch Joachim

261 Joachim Bruhn, Jan Gerber: Vom Protest zum Pogrom. Vorwort, in: dies. (Hgg.): Rote Armee Fiktion, 8.
262 Bruhn: Der Untergang der Roten Armee Fraktion, 10 ff.
263 Ebd., 11.

Bruhn nicht zu beantworten. Er war hier ganz nah an Walter Benjamin, mit dem er sonst nur wenig anzufangen wusste. Bruhn setzte auf eine Notbremse, die geradezu automatisch einschnappt, auf »Geduld und Ironie«, wie es bei Johannes Agnoli heißt, oder auf den berühmten Kairos, den Messias des zweifelnden Revolutionärs.[264]

Auch auf die bekannte Frage Moishe Postones – auch er ein Autor, den Joachim Bruhn zu Ça ira holte –, wie nach Auschwitz eine Zukunft gedacht werden kann, ohne die Vergangenheit zu verraten, hatte er keine Antwort parat, die ihn befriedigte.[265] Mal sprach er davon, dass eine Revolution immerhin eine »nachgetragene Rache« sei; mal behalf er sich mit dem Horkheimer-Zitat, dass es umso verzweifelter für den Sozialismus einzutreten gelte, je unwahrscheinlicher er werde.[266]

Auf den Hinweis darauf, dass dieser Satz nicht nur lange vor Auschwitz, sondern sogar vor der Machtübertragung auf Hitler geschrieben worden war, reagierte er mitunter ausweichend. Hierfür gab es sicher gute Gründe – ebenso wie für das Gegenteil. Joachim Bruhn wusste sehr genau von dieser Widersprüchlichkeit, weil sie sein Denken bestimmte. Sie ging nicht auf die fehlende Konsequenz seiner Überlegungen zurück, sondern wurde von der

---

264 Joachim Bruhn, Manfred Dahlmann, Clemens Nachtmann (Hgg.): Geduld und Ironie. Johannes Agnoli zum 70. Geburtstag, Freiburg/Br. 1995; Bruhn: Der Untergang der Roten Armee Fraktion, 10 ff.; ISF, Autonome Studenten: Vermittlung oder Sabotage, in: dies. (Hgg.): Das Ende der Gleichgültigkeit. Die französische Schüler- und Studentenbewegung des Dezember 1986, Freiburg/Br. 1987, 5 ff.

265 Moishe Postone: Der Holocaust und der Verlauf des 20. Jahrhunderts, in: ders.: Deutschland, die Linke und der Holocaust. Politische Interventionen, Freiburg/Br. 2005, 124.

266 Bruhn: Metaphysik der Klasse, 27; Max Horkheimer: Dämmerung. Notizen in Deutschland [1931/34], in: ders.: Gesammelte Schriften. Bd. 2, Frankfurt/M. 1987, 343.

Wirklichkeit vorgegeben. Es handelte sich, wie sich in Anlehnung an Ernst Loewy sagen lässt, den Bruhn wegen seiner frühen Arbeiten über den Nationalsozialismus schätzte, um eine Funktion der historischen Erfahrung: Sie war der »angemessene Ausdruck der Not des europäischen Intellektuellen« – ein weiteres Wort, das er nicht mochte – nach den Katastrophen des 20. Jahrhunderts.[267] Am 28. Februar 2019, nur wenige Wochen nach seinem 64. Geburtstag, ist Joachim Bruhn gestorben.

---

267 Ernst Loewy: »Lessing und Spira«. Zu einem Romanfragment von Louis Fürnberg, in: ders.: Zwischen den Stühlen. Essays und Autobiographisches aus 50 Jahren, Hamburg 1995, 209. Joachim Bruhn sah im Begriff des Intellektuellen die ersehnte Mittlerfunktion zwischen dem falschen Dualismus von »Theorie und Praxis« eingeschrieben. Vgl. etwa Joachim Bruhn: Warenform, Denkform, Revolution. Über Notwendigkeiten der Ideologiekritik, zugleich eine Antwort auf Karl Heinz Roth, in: Blätter des IZ3W 222/1997.

Nachwort zur Neuausgabe

Dieses Buch entstammt einem politischen Kontext, den es nicht mehr gibt. Schon als es 2015 in erster Auflage erschien, waren viele der Texte, auf denen es basiert, mehr als zehn Jahre alt. Sie gehen vor allem auf Vorträge und Diskussionsrunden zurück, die zwischen 2004 und 2010 in Berlin, Duisburg, Frankfurt, Freiburg, Halle, Hamburg, Köln, Leipzig, Münster, Oberhausen stattfanden.[268] Wahrscheinlich waren es noch mehr Städte. Die Namen der Initiativen, Gruppen und Bündnisse, von denen diese Veranstaltungen organisiert wurden, kennt inzwischen kaum noch jemand, die meisten haben sich schon vor vielen Jahren aufgelöst.

Vielen von ihnen ging es – frei nach Brecht – um das Einfache, das nur schwer zu machen ist: Sie bemühten sich in Anlehnung an die Kritische Theorie Frankfurter Machart um eine Synthese von Freiheit und Gleichheit, utopischem und vertragstheoretischem Weg in die Moderne oder, weiter gefasst, Materialismus und Idealismus. Einer ihrer wichtigsten Ausgangspunkte war die Überzeugung Max Horkheimers, dass sich die moderne Gesellschaft nur über den Antisemitismus verstehen lässt.[269]

Aus diesem Grund brachen sie mit vielen linken Gewissheiten. Das betraf den falschen Kollektivismus und die Verachtung des

---

268 Vorarbeiten erschienen in *Bahamas*, *Bonjour Tristesse*, *Jungle World*, *Phase 2* und *Prodomo*. Einige davon sowie eine frühere Version des Hauptteils gingen auch in mein Buch *Nie wieder Deutschland? Die Linke im Zusammenbruch des »realen Sozialismus«* (Ça ira-Verlag: Freiburg/Br. 2010) ein.

269 Vgl. Rolf Wiggershaus: Die Frankfurter Schule. Geschichte, theoretische Entwicklung, politische Bedeutung, München 1991, 347.

Individuums ebenso wie die Israelfeindschaft und den Antiamerikanismus großer Teile der Linken. In Anlehnung an einen Artikel des Journalisten Jürgen Elsässer, der längst von Linksaußen zum völkischen Sozialismus übergelaufen ist, nannten sie sich manchmal selbst »antideutsch«, manchmal wurde ihnen dieser Name übergeholfen.[270] Da es in der Vergangenheit nie die Verkehrtesten waren, die als »antideutsch« beschimpft wurden, wehrte man sich aber auch nur selten dagegen: Heinrich Heine, Kurt Tucholsky, Thomas Mann und Theodor W. Adorno schienen keine schlechte Gesellschaft zu sein.

Ohne dass es dem Autor damals immer völlig bewusst war, kreisen viele der hier zusammengestellten Texte auch um die Entstehungs- und Existenzbedingungen dieses Milieus. Hervorgegangen aus den linken Krisendiskussionen nach dem Untergang des Ostblocks, bestand es in der zweiten Hälfte der Neunziger vor allem aus kleinen ideologiekritischen Zeitschriften- und Theoriezirkeln. Auch wenn man darauf bestand, dass der eigene Elfenbeinturm »Schießscharten« habe, wie es gern hieß, war allen Beteiligten klar, dass es weniger um politische Mobilisierung als um Überwinterung ging. Die Fehler und Irrtümer der Linken sollten aufgearbeitet werden.

Das änderte sich mit der Al-Aqsa-Intifada, vor allem aber mit 9/11. Der Elfenbeinturm wurde verlassen, der lose Zusammenhang aus kleinen Zirkeln und Gruppen wurde zur politischen Bewegung. Der Grund dafür war nicht zuletzt die Empörung über die deutsche Äquidistanz zum Terror gegen Israel und die Vereinigten Staaten. Aus Protest gegen den Afghanistan- und den Irakkrieg fanden die größten antiamerikanischen Aufmärsche seit Jahrzehnten statt. Die Rede vom »deutschen Weg« wurde

270 [Elsässer]: Weshalb die Linke anti-deutsch sein muss.

wieder populär. Sie verhalf der bereits schwer angeschlagenen SPD 2002 zum zweiten Bundestagswahlsieg in Folge.

Es war diese ahistorische Verklärung des reinen Friedens, die durch eigene Veranstaltungen, Demonstrationen und Kampagnen gestört werden sollte. Auch die Distanzierung vom Westen wurde kritisiert. Bald schrieben alle größeren deutschen Zeitungen über die merkwürdigen Linken, die bei ihren Demonstrationen die Fahnen der Vereinigten Staaten und Israels schwenkten, um den linken Traditionalismus herauszufordern. Selbst die *New York Times* und die *Haaretz* berichteten.

Empörung war jedoch nicht der einzige Grund für die Verwandlung der nur lose verbundenen Zirkel und Zeitschriftenkreise in eine Bewegung. Vielleicht war es noch nicht einmal der Wichtigste. Der Aufstieg ging zugleich auf den Niedergang einer anderen politischen Strömung zurück. Die Rede ist von der antifaschistischen Bewegung. Sie war in den Neunzigern das größte Sammelbecken der außerparlamentarischen Linken.

Im Sommer 2000 geriet sie in eine Krise. Nachdem bei einem Bombenanschlag in Düsseldorf zehn jüdische Einwanderer verletzt wurden, rief Bundeskanzler Gerhard Schröder den »Aufstand der Anständigen« aus. Er forderte die Landsleute dazu auf, bei Aktivitäten von Neonazis nicht länger wegzusehen. Das war in den Neunzigern oft gängige Praxis gewesen. Nun wurde die Bekämpfung von Neonazis zur Chefsache erklärt. Die Bundesregierung initiierte ein millionenschweres Aktionsprogramm, mit dem zivilgesellschaftliche Initiativen gegen Rechtsextremismus unterstützt wurden.

Antifaschismus war plötzlich nicht mehr der »Kampf ums Ganze«, wie es eine der größten antifaschistischen Gruppen des Landes nur zwei Jahre zuvor in einer Broschüre behauptet hatte.[271]

---

271 Antifaschistische Aktion Berlin (AAB): Das Konzept Antifa, Berlin 1998.

Er schien stattdessen staatstragend geworden zu sein. Vor diesem Hintergrund sprachen die Strategen der Bewegung von »neuen Politikfeldern«, die bearbeitet werden müssten.

Das Subjekt der Begierde stand bald fest. Es war die Antiglobalisierungsbewegung, die seit den späten Neunzigern durch Massenmilitanz in die Schlagzeilen geraten war. Die Proteste gegen den Wirtschaftsgipfel in Köln 1999 waren von antifaschistischen Gruppen noch kaum beachtet worden. Zu den Großveranstaltungen von 2001 mobilisierten sie bereits im großen Maßstab. Man erklärte, kritisch in die Bewegung intervenieren zu wollen, eine große antifaschistische Zeitschrift sprach euphorisch vom »Summer of Resistance«.[272]

Dem Sommer folgte jedoch der Herbst. Er begann ausnahmsweise schon im Juni. Beim EU-Gipfel in Göteborg herrschten bürgerkriegsähnliche Zustände, Ordnungskräfte feuerten mit scharfer Munition auf Demonstranten. Wenige Wochen später, beim G8-Treffen in Genua, erschoss ein Polizist den 23jährigen *No-global*-Aktivisten Carlo Guiliani. Die globalisierungskritische Massenmilitanz war an ihre Grenzen gestoßen.

Zugleich wurde der antifaschistische Flirt mit den *no globals* durch 9/11 herausgefordert. Die Anschläge fanden nur sieben Wochen nach dem Gipfeltreffen von Genua statt. Die Mitglieder einer Politgruppe aus Halle machten bundesweit bekannt, wie schwierig sich die kritische Intervention in die Antiglobalisierungsbewegung vor diesem Hintergrund gestaltete.[273] Aufgerüttelt durch die Selbstmordattentate in Israel, die Anschläge auf das World Trade Center und die dschihadistische Kampfansage an

---

272 Phase 2, Göttingen: Summer of Resistance, in: Phase 2 2/2001.

273 Gipfelstürmer Halle: Antisemitische Ausfälle in Kopenhagen [2002], in: AG Antifa (Hg.): Gegen die deutsche Normalität. Interventionen hallischer Antifa-Gruppen (2000–2014), Halle 2014, 67 f.

»Kreuzfahrer und Juden« hatten sie bei Demonstrationen gegen den EU-Gipfel in Kopenhagen 2002 ein Transparent gegen Antisemitismus und Antizionismus gezeigt. Sie wurden daraufhin von Globalisierungsgegnern als Nazis beschimpft, tätlich angegriffen und von den Protesten ausgeschlossen. Schon die Kritik des Antisemitismus galt als zu proisraelisch.

Wer solche Ausfälle nicht als Randerscheinung abtun und trotzdem nicht auf politische Praxis verzichten wollte, sah sich oft automatisch an die Seite der ideologiekritischen Zirkel genötigt, die ihren Elfenbeinturm nach 9/11 verlassen hatten. Sie erhielten nun Verstärkung von antifaschistischen Bewegungsexperten, die durch den »Aufstand der Anständigen« und die Krise der Globalisierungskritik orientierungslos geworden waren.

Die meisten Texte, auf denen dieses Buch beruht, entstanden, als diese Allianz ihren Höhepunkt bereits überschritten hatte. Sie gehen nicht zuletzt auf die Ahnung zurück, den Beginn des Niedergangs mitzuerleben: Die Frage nach den Ursprüngen einer Bewegung stellt sich nicht in der Zeit der größten Mobilisierungserfolge; sie wird oft erst dann interessant, wenn die öffentliche Aufmerksamkeit und der eigene Enthusiasmus nachlassen. Von den fast dreißig politischen Gruppen, die 2004 zu einer der größten »antideutschen« Demonstrationen nach Hamburg mobilisiert hatten, existierte am Ende des Jahrzehnts nicht einmal mehr die Hälfte. Die wohl wichtigste Zeitschrift des Milieus erklärte etwa zur selben Zeit, auf die Bezeichnung »antideutsch« verzichten zu wollen. Man sei nur noch ideologiekritisch – »und sonst nichts«.[274]

Dieser Niedergang hatte mindestens drei Gründe. Mit dem Ende des Irakkriegs 2003 und der Al-Aqsa-Intifada 2005 verschwanden (1.) die unmittelbaren Anlässe für den Gang auf die

274 Justus Wertmüller: Ideologiekritisch und sonst nichts. Drei notwendige Vorankündigungen zur Konferenz, in: Bahamas 57/2009.

Straße. Der Libanonkrieg 2006 sorgte noch einmal für ein kurzes Mobilisierungshoch. Danach fiel der aktivistische Teil der Bewegung in das Kampagnenloch, das nach Phasen der »Überpolitisierung« (Oskar Negt) oft beklagt wird. Einige Genossen zogen sich deshalb ins Privatleben zurück, andere entdeckten neue Aktionsfelder für sich.

Darüber hinaus verschafften sich mit dem Ende der Mobilisierungserfolge (2.) die ideengeschichtlichen Widersprüche der Bewegung Geltung. Freiheit und Gleichheit, Vertragstheorie und Utopismus, Materialismus und Idealismus sind nur schwer miteinander zu vermitteln. Da diese Spannung intellektuell nur mit Mühe auszuhalten ist, wurde der einfache Weg attraktiv. Einige Aktivisten verwandelten sich in westliche Liberale, andere in konservative Atlantiker. Viele fanden zum linken Traditionalismus zurück.

Vor allem aber hatten sich (3.) zahlreiche Ideen der Bewegung verallgemeinert, wenn auch in verzerrter Form. Die Kritik des Antizionismus strahlte insbesondere auf die Jugendorganisationen der Partei Die Linke, der SPD und der Grünen aus. Nach dem Libanonkrieg sprachen sich mit Gregor Gysi, Katja Kipping und Petra Pau sogar drei der bekanntesten Politiker der Linkspartei öffentlich gegen die traditionelle Israelfeindschaft ihrer eigenen Organisation aus.[275]

Auch die Verurteilung sozialer Proteste als nationalistisch, die in der linksliberalen Öffentlichkeit bald beliebt wurde, war von einem Teil des Milieus schon in den Neunzigern erprobt worden. Mit ihr sollte die bis dahin in der Linken übliche Idealisierung der

---

275 Philipp Gessler, Veit Medick: Israel spaltet die Linke, in: Taz, 13.5.2008; Gregor Gysi: Die Haltung der deutschen Linken zum Staat Israel. Vortrag auf einer Veranstaltung »60 Jahre Israel« der Rosa-Luxemburg-Stiftung [2008], in: www.hagalil.com/archiv/2008/04/gysi.htm (31.7.2022); Katja Kipping: Jenseits der Konfrontationslogik, in: Taz, 12.12.2006.

Unterschichten kritisiert werden. In den Jahren nach der Wiedervereinigung waren nationalistische Ausschreitungen regelmäßig zu Protesten gegen soziale Missstände verklärt worden. Spätestens seit der Verabschiedung der Agenda 2010 verkehrte sich dieses Muster: Rassismus und Nationalismus werden in der Öffentlichkeit nur noch selten beschönigt, im Gegenteil. Der Hinweis auf die nationalen Untertöne, die soziale Proteste bisweilen haben, dient hingegen oft der pauschalen Denunziation jeder Kritik am Abbau des Wohlfahrtsstaats.

Die Bewegung war selbstverständlich nicht für diese Entwicklung verantwortlich. Auch wenn ihre Positionen zum Teil in linke Parteien, konservative und liberale Medien eingingen, war sie keine gesellschaftsverändernde Kraft. Ohne es zu wollen, war sie stattdessen der exzentrische Ausläufer eines längerfristigen Prozesses, der auf die Modernisierung Deutschlands zielte. Er ging auf die Ablösung der alten durch die neuen Mittelschichten zurück. War der alte Mittelstand bodenständig, mit Handwerk und Industriearbeit verbunden, ist sein Nachfolger eher akademisch, hedonistisch und kosmopolitisch geprägt.[276] Aus ihm stammten viele Aktivisten der Bewegung; andere steuerten darauf zu. Mit ihren Lobliedern auf Individualismus, Weltläufigkeit, Genuss und historisches Verantwortungsbewusstsein drückten sie immer auch die sozialen und kulturellen Bedürfnisse ihres sozialen Herkunfts- oder Zielmilieus aus. Das Gleiche gilt für ihre Kritik des Kollektivismus, die Attacken aufs Provinzielle und die gelegentliche Überheblichkeit gegenüber den Abgehängten. Glaubt man Marx, dann fallen die offiziellen Ziele und die objektiven Funktionen einer Bewegung oft deutlich auseinander.[277]

---

276 Vgl. Andreas Reckwitz: Die Gesellschaft der Singularitäten. Zum Strukturwandel der Moderne, Berlin 2017.

277 Karl Marx: Der achtzehnte Brumaire des Louis Bonaparte, 115 f.

Diese Entstehungsbedingungen machen dieses Buch dennoch nicht zu einem historischen Dokument. Viele der Texte, die ihm zugrunde liegen, wurden zwar für den Augenblick geschrieben. Da sie fast durchgängig nach ihren eigenen historischen, politischen und sozialen Voraussetzungen fragen, wiesen sie nach Ansicht des Autors jedoch schon damals über ihren unmittelbaren Entstehungskontext hinaus. Wer einige der aktuellen Debatten, Auseinandersetzungen und Konflikte innerhalb der Linkspartei, der Grünen, der Sozialdemokratie oder der außerparlamentarischen Linken verstehen will, ist deshalb sicher nicht schlecht beraten, das Buch zu lesen. Möglicherweise erschließen sich so auch andere Entwicklungen der Gegenwart: von der Debatte über den Postkolonialismus bis zur linken Äquidistanz im Ukrainekrieg. Die Auseinandersetzung mit dem Gestern trägt dazu bei, das Heute zu verstehen.

Der Hauptteil und die beigefügten Texte wurden weitgehend so belassen, wie sie in der ersten Auflage erschienen sind. Nur die Absätze wurden leserfreundlicher gestaltet. Sie wurden jedoch um drei Essays ergänzt. Der erste gehört in den selben Entstehungszusammenhang wie die anderen Teile des Buchs, der zweite ist dem sogenannten »bewaffneten Kampf« gewidmet. Beim dritten handelt es sich um einen Nachruf auf den Publizisten und Verleger Joachim Bruhn. Er prägte das oben beschriebene Milieu wie kaum ein anderer. Zugleich stand er biographisch und programmatisch für einen Gegenentwurf zu jenem Teil der Linken, der über das Ende des Kalten Kriegs hinaus an dessen Gewissheiten, Frontstellungen und Feindbildern festzuhalten versuchte. Die hier versammelten Analysen haben ihm wesentlich mehr zu verdanken, als es in der akademischen Währung der Fußnote ausgedrückt werden kann. Auch deshalb ist ihm dieses Buch gewidmet.

Mein weiterer Dank gilt all den Gruppen, Initiativen, Zeitschriften und Einzelpersonen, die durch Einladungen oder Artikelanfragen die Möglichkeit zum Nachdenken, Schreiben und Diskutieren boten. Darüber hinaus danke ich Alja Schubert, Janka Weidermann und Anne Weidermann sowie – in alphabetischer Reihenfolge – Angela Martini, Anja Worm, Christoph Beyer, Florian Diesing, Jenny Dam, Jörg Folta, Moritz Liewerscheidt, Nadine Schubert, Peter Siemionek, Robert Zwarg, Sandra und Thomas Maul. Sie wissen wofür.

Halle, im Sommer 2022

Register